重庆市社会科学规划项目"共同富裕视域下农村留守老人养老保障需求问题及供给机制完善研究"(2022BS084)成果

闫成华 著

ZINÜ WAICHU WUGONG

DUI NONGCUN LIUSHOU LAOREN YANGLAO XUQIU DE

YINGXIANG YANJIU

子女外出务工
对农村留守老人养老需求的
影响研究

中国财经出版传媒集团
经济科学出版社
Economic Science Press
·北京·

图书在版编目（CIP）数据

子女外出务工对农村留守老人养老需求的影响研究 /
汪成华著 . -- 北京：经济科学出版社，2023.12
ISBN 978 - 7 - 5218 - 5330 - 8

Ⅰ.①子…　Ⅱ.①汪…　Ⅲ.①农村 - 养老 - 社会服务
 - 研究 - 中国　Ⅳ.①D669.6

中国国家版本馆 CIP 数据核字（2023）第 205416 号

责任编辑：周胜婷
责任校对：王肖楠
责任印制：张佳裕

子女外出务工对农村留守老人养老需求的影响研究
汪成华　著
经济科学出版社出版、发行　新华书店经销
社址：北京市海淀区阜成路甲 28 号　邮编：100142
总编部电话：010 - 88191217　发行部电话：010 - 88191522
网址：www. esp. com. cn
电子邮箱：esp@ esp. com. cn
天猫网店：经济科学出版社旗舰店
网址：http://jjkxcbs. tmall. com
固安华明印业有限公司印装
710×1000　16 开　14 印张　210000 字
2023 年 12 月第 1 版　2023 年 12 月第 1 次印刷
ISBN 978 - 7 - 5218 - 5330 - 8　定价：72.00 元
（图书出现印装问题，本社负责调换。电话：010 - 88191545）
（版权所有　侵权必究　打击盗版　举报热线：010 - 88191661
QQ：2242791300　营销中心电话：010 - 88191537
电子邮箱：dbts@ esp. com. cn）

前　言

　　经济社会发展的实践经验表明，任何国家在向现代国家转型变迁过程中，必然伴随着大量农村富余劳动力，逐渐向城市地区转移，向经济发达地区集聚。在我国，大量农民工的流入给城市和沿海经济发展带来了巨大经济红利，有力推动了当地经济社会的发展。与此同时，由于我国户籍制度的限制和一些城市人为设置了许多门槛，使得农民工的父母和子女与其随迁至城市共同生活、学习存在很多障碍。此外，在传统观念下，农村养老主要是以子女支持为主，但是劳动力的大量流出和迁移，导致这一传统养老模式受到了极大挑战。因此，从总体来看，我国农村老人的养老需求并没有得到满足，来自子女的生活照料变得有些短缺，来自子女的心理支持也变得有些稀少，来自与子女的沟通交流更是存在不足；更为严重的是，农村老人的这些养老需求没有得到满足会让其精神生活陷入低谷，出现消解人生意义的情绪心态，并感觉到人生没有任何意义和价值。

　　显然，这些问题不能及时有效解决，将会对农村留守老人的身心健康带来巨大伤害，更会对农村经济社会的健康发展带来冲击。因此，如何解决农村留守老人养老需求这一影响农村经济社会发展和稳定的问题，就成为摆在政府决策者面前亟须解决的重要问题。然而，解决这一问题的前提在于准确把握：子女外出务工会对农村留守老人的养老需求产生何种影响？其影响程度到底有多大？这一影响背后的逻辑机制又到底是什么？只有准确回答了这些问题，才能从根本上理解这一问题，进而有效地解决这一问题，从而有助于我国加强乡村社会治理、推进乡村振兴和实现社会共同富裕等战略目标的全面实现。

　　基于此，针对农村留守老人这一社会弱势群体，其养老需求与其他社会群体存在显著差别的特点，在梳理有关文献资料及基础理论研究的基础上，本书重点以奥尔德弗的 ERG 理论对农村老人的养老需求进行分析，并据此对农村留守老人的养老需求进行划分。与此同时，在对农村留守老人养老需求现状调查分析的基础上，深入剖析子女外出务工对农村留守老人养老需求的影响机理。然后，本书以子女外出务工对农村留守老人养老需求的影响因素、方向、程度和机理为主要研究内容，使用笔者 2017 年进行的劳动力流出地养老需求调查的微观调查数据，运用主要包括有序 Probit、IV – Ordered Probit、得分倾向匹配（PSM）等实证研究方法，集中探讨子女外出务工对农村留守老人生活照料需求、心理支持需求、社会交往需求以及最终对灵性寄托需求等方面的影响，并详细探究了这些养老需求影响的内部机制和作用机理。

　　因此，本书基于子女外出务工对农村留守老人养老需求的现状调查分析、影响机理分析，以及对农村留守老人养老在社会照料需求、心理支持需求、社会交往需求和灵性寄托需求等方面的影响因素的实证分析结果，针对农村留守老人养老需求所存在的现实问题，提出了相应的解决思路和应对策略。对策主要包括优化农村养老保障设计、强化农村社会建设、完善农村未成年子女照料体系、深化户籍制度改革、完善老年关爱服务体系以及树立新的养老理念等内容。

目 录

第1章

绪　　论

1.1　研究背景与意义

1.1.1　研究背景

国内外经济发展实践及经验表明，任何国家在向现代经济社会发展转型的过程中，必然伴随着大量农村的青壮年或富余劳动力，逐渐向城市地区聚集，向经济发达地区流动。第七次全国人口普查结果显示，2020年，我国人口持续向主要城市群和沿海发达地区集聚，流动人口达3.76亿人，相比2010年增长了近70%。这一规律在我国主要表现为"农民工流动"，虽然这为城市和农村经济发展带来了巨大红利，但由于我国户籍制度存在诸多限制，同时，有些城市也人为设置了很多门槛，导致农民工的父母和子女与其一起随迁至城市共同生活和学习会存在很多障碍。

根据第七次全国人口普查结果，2020年，我国60岁及以上人口为2.64亿人，占比达到18.70%。与2010年相比，60岁及以上老人占比提高了5.44%；同时，与城镇相比，乡村60岁及以上老人占比为23.81%，比城镇要高出 7.99%。显然，无论是从老龄人口总数及所占比重，还是从城乡的横向比较和纵向趋势比较，都揭示出了一个事实，那就是我国早已进入了老龄化社会，且会较快地进入深度老龄化社会；同时，我国老龄人口规模巨大，城乡老龄化差异比较明显，且农村老龄化情况比城镇更加严重。无疑，我国老年人已经成为世界上最大的老年群体，作为这一群体中的农村留守老人，他们这一社会弱势群体的养老将会是一个重要的社会问题，他们养老需求的满足与否及其满足程度将会对我国农村地区的经济健康发展和社会稳定带来巨大影响。

在传统观念下，农村老人的养老主要是以子女的支持为主，但农村劳动力的大量流出导致这一传统养老模式受到了极大冲击。与此同时，随着时间及历史的不断推移和演进，非正式养老保障的支持正在逐渐减弱，如家庭养老保障功能弱化、传统养老文化逐渐衰落等。随着越来越多的农村青壮年劳动力选择外出务工，农村留守老人从子女处所获得的生活支持将会变得短缺，来自子女的心理支持也会变得稀少，与子女的沟通交流更会变得缺乏，显然，这会使农村留守老人的精神生活逐渐陷入困境，甚至进一步出现消解人生意义的心态，从而导致其感受不到人生的意义（张邦辉、李为，2018）。

稳定的经济社会环境是实施乡村振兴战略的前提和基础。由于子女外出务工所衍生出的农村老人养老需求难以满足的问题，已经成为阻碍农村经济社会稳定发展的重要障碍。因此，如何解决农村留守老人养老需求这一影响农村稳定和发展问题，就成为摆在政府决策者面前亟须解决的重要问题。而解决这一问题的前提在于准确把握子女外出务工对留守老人养老需求产生何种影响，其影响程度到底有多大，影响的背后逻辑机制又是什么。只有准确把握这些问题的逻辑影响机理，才能从根本上理解这一问题，进而有效解决这一问题。

文献分析发现，目前针对这一问题仍缺乏细致而又系统的研究。现有的文献资料更多集中在子女缺席对留守老人基本生理需求影响的分析，但是对于深层次的"心理支持需求""社会交往需求""灵性寄托需求"的研究十分有限。显然，理论的研究进展已经明显滞后于农村留守老人养老需求的现实发展和需要。基于此，全面梳理农村留守老人的养老需求，深入剖析子女外出务工对农村留守老人养老需求影响的逻辑机理，并通过稳健实证研究验证理论分析结果，得到令人信服的实证结果，从而为接下来的农村留守老人养老保障政策的出台和完善，提供可供选择的对策和建议，将会是相关研究工作的重点，并且越来越紧迫和重要（蔡昉，2018）。

1.1.2 研究意义

当前，农村青壮年和剩余劳动力选择进入城市务工，给城市发展带来了充足而又廉价的劳动力。但需要指出的是，这一趋势造成了大量的农村留守老年人群体，他们承受着子女外出务工所带来的不同层面的负面影响，且这部分老人面临着子女无法在身边为自己提供养老服务的严峻现实。无疑，在传统"养儿防老"思想的影响下，在社会性养老服务体系不健全的条件下，以及农村社会养老保障制度不完善的现实背景下，子女外出务工给农村留守老人带来了极大的养老心理和生理负担。但是，这种负担的影响到底有多大？背后的影响机理是什么？如何缓解子女外出给留守老人带来的这种心理压力？本书将借助一手的微观调查数据，运用多种适当的实证研究工具，解答上述问题，并为下一阶段农村养老保障政策及制度的出台和完善提供实证依据和智力支持。总的来说，本选题具有以下的现实意义和理论意义。

（1）本书的现实意义主要体现在：首先，有助于准确把握农村留守老人的养老需求。基于实证调查资料，经过系统化、多维度的数据分析，将有助于决策者准确掌握农村留守老人的养老需求现状，以及不同养老需求的满足情况，从而为准确勾勒出我国农村留守老人养老需求的影响方向和影响程度奠定坚实的基础。其次，有助于农村养老保障政策制度的完善。在梳理相关文献资料和借鉴养老需求理论的基础上，按照"生活照料需求""心理支持需求""社会交往需求""灵性寄托需求"四个维度对农村留守老人的养老需求进行深入剖析，据此发现我国农村留守老人养老需求所存在的问题，并针对性地提出相应的解决思路和应对策略，从而有助于促进农村养老保障相关政策制度的完善。最后，有助于农村养老保障政策实施效率的提高。一方面，本书勾勒出农村留守老人养老的多种需求间的实证联系，为相关政策的着力重点提供了实证支撑；另一方面，从理论而言，子女外出务工对老年人"生活照料需求""心理支持需求""社会交往需求""灵性寄托需求"的影响并非简单的直接相关，而是存在高低层次之分，需求之间也存在相关因果联系，本书为这一理论论断提供了数据实证的证据。显然，这为后续养老政策的完善提供了抓手和完善方向，进而能有效提升我国农村养老保障政策的实施效率。

（2）本书的理论价值主要体现在：首先，构建了子女外出务工对农村留守老人养老需求影响的系统性分析框架。事实上，子女外出务工对农村留守老人的影响并非是简单的线性关系，而是多方面因素共同作用的系统性影响。本书试图从理论视角构建两者之间的系统性关系，以有助于深刻理解子女外出务工对留守老人养老需求的影响及其影响的路径。其次，"生活照料需求""心理支持需求""社会交往需求""灵性寄托需求"等养老需求系统的建立，有利于相似研究的发展，有利于农村养老保障制度政策的持续完善。本书在系统梳理和分析需求层次理论、ERG 理论以及社会支持理论的基础上，借鉴并发展了奥尔德弗的 ERG 理论，构建起了符合中国农村特色的养老需求系统的分析框架，尝试使用并提供了衡量不同需求类型的计量方法，这为农村留守老人养老需求的相关研究提供了理论支撑。最后，丰富了子女外出对农村留守老人养老需求影响研究的定量研究方法。目前，已有文献大多是从相关性角度来探讨两者之间的关系，而本书引入了基于因果推断的定量研究方法，这不仅增强了研究结果的可信度，同时也丰富和补充了相关研究的研究方法。

1.2 研究方法与研究内容

1.2.1 研究方法

合理而又恰当的研究方法是社会科学研究获得成功的关键。在子女外出务工对留守老人养老需求影响的一系列问题研究过程中，本书在采用文本分析法、问卷调查法、统计分析法等基本研究方法的基础上，着重使用了实证分析与规范研究相结合的研究方法，主要采用以实证分析为主，辅之以必要的规范性分析。具体描述如下：

（1）规范分析与实证分析相结合。本书研究的主要目的在于，分析子女外出务工对留守老人不同层次养老需求影响的因果关系，对于涉及的研究问题主要是以实证研究为主，但是如何对实证结果进行合理的解释，进而为相关问题的解决提供理论依据也非常重要。因此，本书的第5章、第6章、第7章和第8章等核心章节，在研究过程中都力求将规范分析和实证分析相结合，以期能深刻理解两者间的因果关系，并为后续养老规章制度和法规政策的出台提供理论依据和建设性建议。

（2）综合使用多种计量研究方法与稳健性检验策略。本书利用微观调查数据，在实证分析过程中，使用恰当计量分析方法和稳健性检验策略，验证经过理论逻辑分析推导而获得的基本假设，使研究结论具有更强的稳健性和可信度。具体来说：一方面，为探究子女外出务工对留守老人心理需求之间的关系，本书主要使用了 IV-Probit 模型及 Probit 模型等方法，并进行相应异质性分析和稳健性检验，以保证研究结论的稳健；另一方面，为验证子女外出务工对留守老人社会交往和灵性寄托需求的影响，同时为消除选择性偏误，以及由此所衍生的内生性问题，本书引入了倾向得分匹配（PSM）计量方法，减少了估计偏误，从而有效提高了研究结论的可靠性。

总之，本书在研究过程中努力做到将规范分析与实证分析相结合，全方位、多角度去探究子女外出务工对留守老人养老需求影响的这一研究主题。在研究过程中，利用第一手微观调查数据，使用多种研究方法和稳健性检验策略，以保证研究结论的正确和可信，进而为准确理解两者之间的因果关系，以及未来农村养老保障政策的完善提供有力支撑。

1.2.2　研究内容

本书的研究内容可以划分为六大部分，涵盖九章具体内容。总体来看，主要包括：

第一部分为绪论，主要是对研究背景、研究内容、研究意义、研究方法及本书主要创新点进行系统论述，以说明本书的研究缘由、研究价值，展示本研究的研究概貌。

第二部分为研究的基础理论及综述，主要包括三部分内容。其一，对主要的核心概念进行界定；其二，全面梳理和分析相关研究文献资料，从而发现已有研究所存在的不足，为本书的研究找到研究方向；其三，借鉴已有基础理论，尤其是奥尔德弗的 ERG 理论，对农村留守老人的养老需求进行划分，并提出农村留守老人养老需求的系统性分析框架。

第三部分为现状分析，主要是利用第一手微观调查数据，多维度、全方位展示劳动力流出地农村留守老人养老需求现状与状况，为后续的实证分析奠定好现实性依据，同时为后续研究提供数据基础。

第四部分为机理分析，在第 2 章的理论梳理和第 3 章现状调查的基础上，本部分将农村留守老人的养老需求按照"生活照料需求""心理支持需求""社会交往需求""灵性寄托需求"等四个维度进行划分，相应的影响机理分析也按照这四个维度来进行深入剖析，这为后续农村留守老人养老需求的影响研究奠定了坚实的理论基础。

第五部分为实证研究，聚焦于"子女外出务工对农村留守老人养老需求的影响"这一实证研究主题，主要包括以下四个维度的研究内容：

（1）子女外出务工对农村留守老人生活照料需求的影响分析。在理论分析的基础上，利用 Ordered Probit 模型以及两阶段最小二乘法的定量分析方法，实证验证了理论分析的内容，即子女外出务工的确会对农村留守老人的生活照料需求产生负面影响，同时子女务工方式的差异会造成负面影响的异质性表现。

（2）子女外出务工对农村留守老人心理支持层面需求的影响分析。在概念界定、文献梳理、现状调查及机理分析的基础上，本书利用实地调研数据，采用普通有序 Probit 模型以及 IV Ordered Probit 模型两种定量分析方法，实证证实了子女外出务工的确会对留守老人心理支持层面需求产生负面影响，同时证实了子女外出务工方式的差异，会对留守老人心理支持层面需求产生负面的异质性影响，子女外出务工时间越长、务工地点距离越远，对留守老人心理支撑层面的负面影响就越大。

（3）子女外出务工对农村留守老人社会交往需求的影响分析。在理论分析的基础上，本书利用普通有序 Probit 模型以及倾向得分匹配（PSM）的定量研究方法，实证验证了理论分析结论，即子女外出务工会降低留守老人社会交往需求的满意度。然后，利用逐步回归方法验证了其内在机理，表明子女外出务工会通过压缩留守老人社会交往时间这条通路去降低留守老人社会交往的满意度；同时，虽然子女外出务工会增加留守老人的收入水平，但由于农村地区有限的社会交往环境，较高的收入并不意味着社会交往范围的扩大。

（4）子女外出务工对农村留守老人灵性寄托需求的影响分析。在机理分析的基础上，以及在详细介绍灵性寄托需求测量方法的基础上，本书利用普通有序 Probit 模型以及倾向得分匹配（PSM）的定量研究方法，实证验证了理论分析得到的研究假设，即子女外出务工不利于留守老人灵性寄托方面需求的满足，并且这种影响会随着子女外出务工方式的差异而产生异质性特征。在此基础上，本书也验证了可能的影响途径，发现子女外出务工会通过生活水平满意度、心理健康支持度、社会交往满意度等三个方面，对农村留守老人的灵性寄托产生负面影响，同时也会通过提升留守老人收入满意度这个渠道产生正面积极作用，但是净效应为负。

第六部分为研究结论及对策建议，主要对前面的研究结论进行梳理和总结，并在此基础上提出满足农村留守老人养老需求的对策性建议，以积极回应子女外出务工后对农村留守老人养老需求所产生的问题和影响，并进一步提出未来的研究方向和关注的重点。

1.3　研究思路及框架

从已有的研究文献资料看，有关子女外出务工对农村留守老人养老需求的影响多为单因素影响研究，缺乏养老需求影响的系统性研究。基于此，从总体来看，本书主要遵循"理论—实证—对策"的研究思路。

首先，在确定本书的研究主题后，笔者对已有的相关研究进行了详细梳理和仔细分析，为本书找到研究的方向、路径和着力点，以呈现本书研究的意义和价值。

其次，在回顾梳理文献资料及相关基础理论的基础上，借鉴奥尔德弗的 ERG 理论，对农村留守老人的养老需求按照"生活照料需求""心理支持需求""社会交往需求""灵性寄托需求"四个维度进行划分，同时对劳动力流出地农村留守老人的养老需求现状进行调查分析。

再其次，基于理论梳理和现状调查，分析子女外出务工对农村留守老人养老需求的影响机理，厘清了子女外出务工对农村留守老人养老需求影响的逻辑路径、作用机制和内在机理。分别从"生活照料需求""心理支持需求""社会交往需求""灵性寄托需求"四个方面，利用包括普通有序 Probit 模型、IV Ordered Probit 模型以及倾向得分匹配（PSM）等实证模型在内的实证研究方法，从定量分析角度验证理论分析结论，这也是本研究的实证分析部分。

最后，在理论梳理、现状调查、机理分析及实证研究的基础上得出本书的研究结论，并针对性地提出满足农村留守老人养老需求以及完善农村养老保障的对策性建议。

基于上述研究思路，本书的研究框架及逻辑关系如图 1.1 所示。

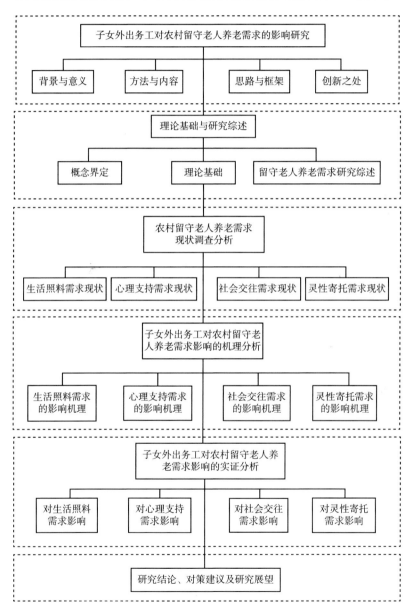

图 1.1 本书研究技术路线

1.4　创新之处

相较以往的相关研究成果，本研究的创新点主要集中于以下几个方面：

第一，从理论上，本书构建了子女外出务工对农村留守老人养老需求的系统性理论分析框架，并通过实证分析验证了这一理论机制，这为理解子女缺位与留守老人养老需求之间的相关关系，提供了更为全面、更为系统的理论分析框架。事实上，绝大多数文献资料将关注点聚焦于留守老人某一项具体的生理需求，并将这一需求作为孤立的研究对象进行理论和实证分析，显然，这忽略了农村留守老人养老需求的特殊性和系统性特征，自然无法全面、系统和准确地勾勒出两者之间的逻辑关系。相比而言，本研究在理论梳理的基础上将农村留守老人的养老需求按照"生活照料需求""心理支持需求""社会交往需求""灵性寄托需求"四个维度进行划分，而且强调需求之间的系统性关系，然后以子女外出务工为冲击变量，来探讨子女缺位对留守老人养老需求的系统性影响。以上理论分析框架的构建，不仅有助于理解子女外出务工对留守老人养老需求的系统性影响，也有助于找到制约留守老人养老需求满足的障碍性因素，从而为政府相关政策的出台提供了理论支撑。

第二，从研究内容上，本书将子女外出务工对农村留守老人养老需求影响的研究内容延伸到"灵性寄托"层面。通过对现有文献资料进行梳理发现，子女外出对留守老人的影响更多集中在基本生理需求、基础的心理需求层面，但对于老年人灵性寄托需求的影响分析却十分有限。需要指出的是，随着农村生活条件的改善，加上子女外出务工所带来的收入变化，老年人的养老需求不应仅局限于生理或基本心理层面的需求，而应该更多转向老年人的自我实现、自我价值寻找、自我生活意义获取等更高层次的需求。基于此，本书在第8章深入分析了子女外出务工对留守老人"灵性寄托"层面养老需求的影响机理,并采用了合适的研究方法证实了两者间的因果关系,这为更加全面理解子女外出务工对留守老人养老需求的影响提供了新的研究内容支撑。

第三,从研究数据上,在已有调查数据的基础上,本书收集和增加了我国主要劳动力流出省份的留守老人微观调查数据,为相关研究提供了新资料、新证据和新解读。需要指出的是,现有的相关文献资料多使用大型公开的微观数据类型,但这些微观数据强调"大而全"的数据收集,对于某些细分领域的数据仍然十分有限,如老年人"社会交往需求""灵性寄托需求"等方面的数据分析就非常有限。基于这种数据现状,为挖掘更加专业化的数据类型,本研究收集了主要劳动力流出地的微观调查数据,采用多种实证研究方法,探讨了子女外出务工对农村留守老人的不同养老需求的影响,这为宏观层面的研究提供了微观解读,同时也进一步拓展了基于微观数据的研究范围。

第 2 章

概念界定与文献综述

2.1 概念界定

2.1.1 劳动力流出地

长期以来，我国经济社会发展，呈现出明显的城乡二元经济特征。这在一定程度上导致了，农村居民在农村就业所获得的劳动报酬与其在城镇就业所获得的报酬存在巨大差距，改革开放以来这种差距尤为明显（姚耀军，2005；刘长庚、张松彪，2015）。伴随着改革开放的持续深化，生产要素在地区间、行业间已经逐步实现了自由流动；农村劳动力也大量向城镇以及非农业部门转移，劳动力流出地也随之出现（谢培秀，2009）。梳理我国农村劳动力向城镇转移、向沿海流动以及向经济发达地区集聚的历程可以看出，劳动力从农村地区流出是经济社会发展的必然结果，正如蔡昉（2018）指出，农民用脚投票，形成了在和平时期最大规模的劳动力迁移景象。结合文献梳理和研究需要，本书认为，劳动力流出地是一个地域性概念，主要是劳动力为了满足或获取更高的收益和回报，而持续向生产要素缺乏地区流动的过程。显然，劳动力流出地应具有以下几个显著特征：

第一，经济发展水平相对滞后。劳动力流出地的经济发展水平相对于其他地区而言较为落后，同时区域内存在大量的失业人口，特别是农村劳动力尤为过剩。随着改革开放的不断推进和大学扩招政策的实施，农村青壮年和富余劳动力不断向城市集聚、不断向东部沿海发达地区转移。

第二，区域内劳动力数量和资金数量不匹配。劳动力流出地拥有的劳动力总数和剩余劳动力数量都相对较多，而拥有的资金数量则非常有限，并且资本实力较低，具有明显的劳资比例不协调现象。

第三，劳动力流出具有持续性特征。持续性特征主要体现在两个方面：一是流出的劳动力长期处于城乡往返和不间断的流动状态；二是该区域长期、持续的作为劳动力流出地，而不是短期、间歇性地流出富余劳动力。

2.1.2　农村留守老人

农村劳动力流出地青壮年及富余劳动力的大规模流出，导致农村地区留守老人的规模不断扩大。科学处理农村留守老人问题，不仅有利于农村老人的身心健康和家庭和谐，更有利于农村经济发展的稳定、社会发展的和谐和乡村治理水平的提升。

现有关于农村留守老人的概念界定，主要是从子女的外出务工数量、外出务工时间以及外出务工距离等角度进行。首先，从子女外出务工数量看，周福林（2006）、杜鹏（2004）、梁欣（2010）等学者认为，只要有一个成年子女外出的就算留守老人；而吴振强（2009）、陈琳莹等（2011）等则认为，全部子女外出务工的才能算是留守老人。其次，从外出务工时间看，王乐军（2007）、贺聪志等（2009）认为，子女常年外出务工且年龄不小于60周岁的老人即为农村留守老人，而常年主要指一年中有 6 个月及以上的外出务工时间；李晓娟（2012）、胡丹（2017）等则认为，子女每年只有小于等于 3 个月返乡时间的老人为农村留守老人。最后，从外出务工距离看，王乐军（2007）、叶敬忠等（2008）将老人与子女不在同一个村即认为是留守老人；而对现有文献梳理看，大多研究，如刘炳福（1996）、张艳斌（2007）、谢伟（2014）、罗佳丽（2014）等，则将有子女跨县及以上去工作的老人定义为农村留守老人。

可见，子女外出务工数量、务工时间和务工距离，是农村留守老人概念界定的重要依据。结合调研实际和研究需要，本书将农村留守老人的含义明确界定为：农村留守老人是指，与其户口在同一区域（村、乡、镇或街道等）的农村户籍子女每年外出务工时间累积满 6 个月及以上，而自己则常年留在农村户籍所在地，且年满 60 周岁及以上的老年人口；非留守老人则指，与其同一农村户籍区域内的子女均未外出务工或每年累计外出务工时间不足 6 个月的老年人。

2.1.3　需求及养老需求

一般来说，在不同学科领域，需求的概念内涵和适应范畴都存在显著差别。基于研究主题和研究方向，本书主要采用心理学领域的概念界定。马斯洛（Maslow，1987）从"人本心理学"角度对需求进行了界定，认为需求就是"驱动和动机"，也即是"由于缺乏感所表现出来的意向和意愿，最终产生人的动机"。巴克（Barker，1999）认为，需求是"受紧张或未满足状态驱使，对可以实现自身满足的目标进行获取"，即，它是一种需求缺乏状态而衍生出满足需求的行为动机。具体而言，完整的需求概念应当包含两层含义：一是个体存在既定的"没有满足"的状态，或者是菲利普·科特勒（Kotier，2001）所谈及的"匮乏状态"；二是研究对象受"未满足"的状态而驱动其达到"丰盈"状态目标的获得动机，即，驱动个体行动的核心原始力量。

随着研究的深入，巴克（Barker，1999）和马斯洛（Maslow，1987）

的研究也逐渐被拓展。一方面，越来越多的研究认为"需求"的产生并非只有"内生"这一条路径，更大的可能是由人和外部环境相互作用而产生。后续的研究也接纳"内在—外在"的理论逻辑。例如，约翰逊（Johnson，2002）认为，需求就是"个体在特定环境中的为实现自身功能而获取资源的需要"。又如，严学军（1997）认为，因需求而产生的欲望、动机都是行为人旨在通过适应外部环境而确保其生存和发展的目标实现。另一方面，部分文献也从"剥夺"这一负面维度来进行解释，例如，多亚尔和高夫（1984）研究认为，行为人的需求无法得到满足时，将会对行为人产生一定程度的伤害。

通过以上研究成果可以看出，特定需求是源于行为人个体对特定"物品（things）或者服务（services）"的缺乏而产生的一种紧张状态。这种紧张状态可以理解为：一方面，驱动行为人个体为了实现满足需求而产生某种特定行为；另一方面，行为人为了避免需求难以实现时产生某种"伤害"，而选择去积极适应外部环境变化，或行为人主体主动去追求发展。显然，这种需求是会随着时间和环境的变化而发生改变的。

具体到本书中的农村留守老人的养老需求概念，需要明确的是：首先，"需求"的存在是源于缺乏而衍生出来的，是为实现特定目标而产生的行为动机。与之相似，留守老人的养老需求，可以理解为是源于留守老人因养老"匮乏"而产生完成特定养老目标的动机。显然，养老需求是在传统文化、社会现实、制度背景下，老年人在年老后的这段特殊时间内，对于自身能顺利度过人生最后阶段而产生的渴望和欲望，并由此而产生满足某种行为和动机。严格意义上说，养老需求并非只是官方提供的社会支持服务，如福利养老服务、非营利性的康养服务等，更为重要的是非正式服务类型，即由自身、家庭、社会所提供的非正式服务类型，如夫妻扶持、子女赡养、社会捐赠等。需要指出的是，在传统养老观念的影响下，农村留守老人养老需求的匮乏感，主要是来源于"子女的外出务工"，即留守老人需求的"溢出"。其次，养老需求的内容方面。目前，关于"需求"内容的研究大多是以马斯洛（Maslow，1997）的需求层次理论作为理论基础。事实上，需求层次理论也存在着理论缺陷，具体到本书：一方面，老年人的养老需求并非是以单一的形式存在，即，并非低层次需求满足后才会产生高层次需求，更一般的情况是低层次需求和高层次需求同时存在。另一方面，在特定情况下，老年人的各个层次需求并非简单的同等重要，而是呈现出明显的差异和区别，在某一特定环境和条件下，老年人的某一层次需求会占据上风，并且这一需求会随着环境和条件的改变而呈现出动态变化的特征。

基于上述认识，本书在探讨农村留守老人的养老需求时，需要对不同层次的养老需求分别进行剖析。具体到养老需求的内容设置，本书依据奥尔德弗（Alderfer，1969）的 ERG 理论进行展开。据此，本书结合前期调研及相关研究，将养老需求的内容进行了划分，如图 2.1 所示。

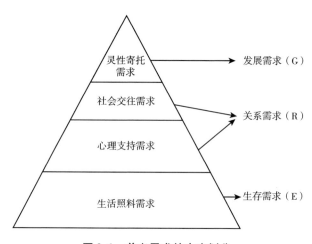

图 2.1　养老需求的内容划分

本书将农村留守老人的养老需求范围设定为：生活照料需求、心理支持需求、社会交往需求以及灵性寄托需求等四类。

1. 生活照料需求

一般来说，老年人的生活照料需求主要涉及衣、食、住、行和医疗等方面，提供生活照料的主体主要包括政府、社会和家庭等，目前农村老人的生活照料主要是以家庭供给为主导，政府和社会组织在生活照料供给过程中起着辅助作用。基于实证调查情况及研究内容，本书的生活照料需求主要涉及留守老人在养老过程中的经济收入、居住条件、村社活动设施以及养老政策及制度支持等，显然这与 ERG 理论中的生存需求（E）内涵相同。

2. 心理支持需求

相较于生活照料而言，老年人的心理支持需求是属于更高层次的需求，是源于心理预期或缺失被满足时的心理状态。本书的心理支持需求，主要侧重于子女外出务工后，留守老人需要得到来自子女的关爱、关心和与左邻右舍保持良好关系等方面的需求。这与 ERG 理论中的关系需求（R）内涵一致。

3. 社会交往需求

良好的社会交往活动可以弥补老人因身体机能下降、心理失落所带来的负面影响，有助于减轻因身体和环境变化所导致的心理焦虑感，对于农村留守老人而言，社会交往需求主要涉及老人在闲暇时间的活动需要，这些活动包括走亲访友、聊天、下棋、看报、打牌等活动形式。这与 ERG 理论中的关系需求（R）内涵完全相同。

4. 灵性寄托需求

（1）灵性。

对灵性概念的界定，一直众说纷纭，莫衷一是。从现有文献资料来看，西方有关灵性概念的界定，一般认为，灵性是个人的超越性追求，可以被理解为个人的信仰、价值观及其体验（Bensley，1991；Redern，2002；Trautmann，2003）。总的来说，灵性特征主要包括：一是每个人都会经历灵性，灵性会把人统一为一个整体（Oldnall，1996），且灵性在人的经历过程中居于中心位置（Mccarroll，2005）；二是灵性是具有感情的，它触及人的内心和生命的本质（Fisher，2009）；三是灵性是动态的且具有活力的特征，灵性的追求就像旅行的过程一样，是动态的且能被感知到的（Chapman，1987）。

在中国古汉语中，"灵性"主要指人的精神和意志；在现代汉语中，对灵性的解释更多包含了通晓事理、聪明灵慧的意蕴。从道家思想来看，灵性主要包括对生命的意义、面对死亡的态度、死亡的意义以及死后生命等方面的观念和想法（尉迟淦，2006），这是对人自身存在以及整个人生意义的思索和发掘，通过对生命最深层次含义的探寻，从而获得最高的生命自由。从心理学视角看，大多数研究认为灵性是个人内在力量的源泉，主要关注个人的生命意义和自我超越，通过将个人的现实性和超越性相连，实现个人追寻和谐自由幸福的境界（何雪松，2007；杨静，2016）。从伦理学视角看，灵性与道德都根植于我国的传统文化中，道德与灵性是人与生俱来的，两者相辅相成，缺一不可，两者共同揭示了一个人的精神性发展水平（景怀斌，2015）。从传统审美视角看，"灵"萌发于原始巫文化，在历史的嬗变中被众多文人墨客广泛使用，频繁出现在诗文评点、书画、乐舞等中国传统文学艺术批评领域中，从而形成了我国古典美学史上独特的"灵性"审美传统，这种"灵性"既具有超感性，又具有超理性的特征，融合了鲜活的审美体验与超越的精神维度（梁蓓，2018）。

灵性与审美之间也存在着紧密关系。在人类社会发展过程中，人类创造了许多非物质文化财富，这深刻展现了人类的智慧和灵性，并让人从中获得了美的感受。显然，灵性是人的审美意识发生的基点和审美体验的关键，更为重要的是，灵性代表了审美境界的至高维度（梁蓓，2018）。从中可以看出，灵性与审美活动都属于人的精神层面，审美的高峰体验正是人的灵性状态，也是人的最完美体验，同时灵性和审美对人生都会产生积极意义，尤其灵性对人的自我发展和心灵健康更具有建设性的意义。

总之，灵性有助于个人摆脱心理问题，促进个体回归到现实生活，从而不断成就自我。灵性是促使自我完整的重要内容，如果缺少了灵性，人就会出现问题，变得不快乐和不满足，进而变得空虚与冷漠；反之，灵性的存在则会让我们更好地认识自己，从而促进个人自我内在的充实。

（2）灵性需求。

与国外研究相比较，国内有关灵性需求研究还相对薄弱，研究多集中在对癌症患者的灵性健康影响因素、灵性照护实施方法等方面。一般来说，当生命面临疾病威胁时，患者通常会经历身心痛苦，出现明显的消极情绪（王素明等，2018；刘珧等，2019），因而会普遍存在着灵性需求且需求水平呈明显增加状态（张燊等，2018；宋静静，2018），此刻，患者的灵性需求主要集中在获取对抗疾病力量需求、寻找生命意义需求等方面（杨柳，2018）。

总的来说，疾病患者的灵性需求会受到心理、疾病和社会经济等方面的影响。心理方面的因素主要集中在患者的负性情绪和生命意义的思考。患者的焦虑与抑郁与灵性需求水平呈正相关，生命意义也会通过灵性健康去影响患者的灵性需求（王李等，2019；张世慧，2018）。疾病方面的因素主要涉及诊断时间、癌性疲乏、生命质量等方面。对妇科癌症患者的研究显示，癌性疲乏程度越高，患者灵性护理的需求越大（马锦莲，2018）；对肝癌患者的研究揭示出，患者的灵性需求与其生命质量的整体水平成正比（刘晓，2019）。社会经济因素主要涉及人口社会学特征、宗教信仰文化和医护灵性水平等方面。同时，对医护人员进行适当培训，能更好地于满足患者的灵性照护需求（蔡丽丽等，2018）。

关于灵性需求的划分，有研究认为灵性需求可以划分为个体的生命层面和个体与世界的互动层面两个层次（张淑美等，2008）；也有研究将个人的灵性需求划分为三个层次，最核心的是个人信念信仰系统的自觉和建构层次，中间是个人价值观念系统的自觉和建构层次，最外在的是个人意义赋予能力的自觉和建构层次（汪丽华等，2010）。

总之，灵性需求贯穿于人的整个生命过程，具有层次性和差异性，主要涵盖了人类寻找生命意义的需求、被谅解和宽恕的需求、爱的需求和希望的需求等内容。

（3）农村留守老人的灵性寄托需求。

需要指出的是，农村留守老人作为社会弱势群体，一直是在以关系为导向和家庭为中心的文化氛围中生活，他们对生活照顾、心理支持和社会交往都有不同程度的需求，对自己人生的意义和价值及得到认可也有强烈的需求。这些养老需求没有得到满足，显然会带来消极情绪，生活满意度会降低，主观幸福感也会降低（Aglozo，2021）。埃里克森（Erikson，1970）在心理社会发展理论中也指出，当人处于第八阶段的老年期时，老年人在体力、心理和健康方面都处于下降状态，为此他们必须作出相应的调整和适应，而自我调整是一种接受自我、承认现实的感受，也是一种超脱的智慧之感；当老年人回溯过往，可能怀着充实的感情与世告别，也可能怀着绝望的心理走向死亡，如果老年人的自我调整大于绝望，他将获得智慧的品质，埃里克森将这种品质定义为："以超然的态度对待生活和死亡"。

基于上述认识，结合灵性和灵性需求的内涵界定以及研究需要，本书将"灵性寄托"概念界定为：在面临现实生活压力、未来发展困境等问题时，农村留守老人为获得人生的意义与价值、超越性体验、社会归属等，通过灵性层面的沟通交流，进而获得某种心理慰藉和依托感的行为体验。

根据概念界定可知，留守老人的灵性寄托属于养老的高层次需求，涉及老人在养老过程中的自我人生价值和意义、超越性体验以及社会归属等方面。与此同时，ERG 理论中的发展需求（G）侧重于自我潜能的发挥、能力的胜任、自我价值的实现等。显然本书的灵性寄托需求与 ERG 理论中的发展需求（G），内涵和本质都是一致的，都是为了自身的高层次需求能得到满足，自己的人生价值能得到体现，从而让自己获得一种被尊重和被满足的内心体验。

5. 农村留守老人的养老需求

需要强调的是，将农村留守老人的养老需求按照上述方式划分的原因在于：受限于农村地区的经济发展和社会环境状况，结合前期调研后发现，绝大部分农村地区老年人的养老需求更偏向于基本生活维持这一维度的内容（张邦辉、李为，2018）；同时在农村人情社会背景下，老年人也会增加对社会交往、心理支持层面的养老需求内容（Wang et al，2020）；受到老年人的年龄、健康水平、经济收入等因素的影响，农村老年人也会逐渐追求更高层次的养老需求，例如人生意义的追求、自我价值的实现等（Wang et al，2020），因此这也为本书增加灵性寄托的养老需求内容强化了实践性和现实性需要。与此同时，需要指出的是，本书所划分的这四类养老需求存在着明显的层次之分，从低到高分别是生活照料需求、心理支持需求、社会交往需求以及灵性寄托需求。

综合上述文献资料分析和已有研究成果，本书将农村留守老人的养老需求含义界定为："农村老年人对于身体、心理、家庭及环境等方面存在的困境，为保障基本日常生活的持续而产生的生活照料、心理支持、社会交往维持以及自我价值实现等层面的欲望和渴望"。

2.2　理论基础

2.2.1　需求层次理论

马斯洛（Maslow，1943）在其论文《人类激励理论》中提出，人们的需求可以划分成生理、安全、爱/归属、尊重以及自我实现等 5 种需求，并于 1976 年将自我实现需求进一步细分，提出了人有 7 种层次需求。需要指出的是，一般来说，提及需求层次理论主要是指传统意义上所划分的 5 种层次需求。

马斯洛将人的需求划分为 5 种，既体现出人的需求层次出现有先后顺序之分，也含有人的需求层次有高低等级之分。一方面，从需求层次的顺序来看，人的需求按照生理需求→安全需求→归属与爱的需求→尊重需求→自我实现需求的逻辑演进，需求层次间不能跳跃，它们是一种刚性的需求顺序过程。另一方面，从需求层次的等级来看，这5种需求层次可以按照初级→中级→高级三个等级进行归类，人的初级需求主要涵盖生理需求和安全需求，人的中级需求主要包括归属与爱的需求和尊重需求，而人的高级需求则是指自我实现需求。需要指出的是，这种需求等级划分也遵循等级间不能跳跃，是一种刚性的等级顺序过程。总之，需求层次理论强调，人的需求满足是严格按照需求层次顺序和初、中、高的需求等级进行的，从人的生物性特征满足向人的社会性特征满足而持续演进的（侯冰，2018）。

需要强调的是，人的生理需求主要是指人为了生存而需要具备的最基本条件，包括食物、水、呼吸及空气等要素；安全需求是在满足生存需求的基础上，对自身和外部环境的安全诉求，如身体健康安全、居住环境安全、工作生活安全等需求；归属与爱的需求是人由生物性需求向社会性需求转变的标志，是在满足生理需求和安全需求的自然性需求的基础上，获得包括血缘关系、宗族关系及社会关系方面的情感性满足；人的尊重需求主要是指人作为社会个体及其角色扮演，对自身获得的名誉、声望、地位及其自尊的需求，它是人自身的努力所获得的外在认可的程度，是属于人的较高层次需求；自我实现需求则是基于人的社会性视角，对人的主动性发挥、自身潜能的发挥以及自我人生价值的实现等方面的需求，它是人自身的努力所获得的自我认可的程度，是人的一种内心感受，属于人的最高层次需求。

2.2.2 ERG 理论

20世纪60年代，针对马斯洛需求层次理论所存在的不足，奥尔德弗提出了EGR理论，它属于西方内容型激励理论中的一种。奥尔德弗（Alderfer，1969）在研究中提出，人的需求可以划分为生存需求、关系需求和发展需求三种。ERG理论与马斯洛的需求层次理论相对应，生存需求涵盖生理需求和安全需求，关系需求主要指归属与爱的需求，而成长需求则涵盖尊重需求和自我实现需求。

具体来看，在 ERG 理论中，生存需求主要侧重于人对物质、生理和安全方面所产生的渴求和欲望，主要包括人对食物、衣服、休闲、睡眠、锻炼的基本需要，以及对危险、焦虑及紧张等方面的预防。关系需求主要侧重于个人的主观感受，如人与人之间的信任、被关爱或关怀等。成长需求则主要侧重于人的自我内心目标和个性的实现，如自我潜能的发挥、知识的自信、能力的胜任、自我价值的实现等。与此同时，ERG 理论在讨论各种需求层次间的关系时，提出了"受挫—满足"维度的 7 个命题（Alderfer，1969），这些命题可以简单概括为 4 种关系类型，分别是简单受挫关系、欲望提升关系、挫折回归关系以及需求强化关系。显然，各种需求间不存在严格的需求顺序和刚性的等级层次，这是奥尔德弗的 ERG 理论与马斯洛的需求层次理论之间最显著的差异。

综上分析，ERG 理论认为，人的不同需求层次间不是单向的需求顺序和刚性的等级层次，而是在欲望受挫、欲望强化和需求满足三者间进行"多向度"的相互转化。显然，这与理论推演或生活实践是基本相符的，这对本书准确划分农村留守老人的养老需求内容，厘清留守老人不同养老需求间的相互关系，明确影响留守老人养老需求的内在机制等，都将具有重要的借鉴意义和指导作用。

2.2.3 社会支持理论

人类社会是一个风险型社会，个体在社会发展的不同阶段，甚至在每个阶段的不同环境下，都会面临着不同的困难、风险和威胁等，需要从外部获得帮助和支持。总的来说，社会支持多用于社会学、心理学、医学等研究范畴，主要是用来探讨个体与外部作用关系的术语。从概念界定方面，科博（Cobb，1976）将社会支持界定为，社会支持是使主体相信他受到了关心、爱戴和尊敬，它保护个人免受各种病理状态的影响。蒂尔登和韦纳特（Tilden & Weinert，1987）认为，社会支持是个人与网络间的一种互惠关系，这种关系可以为个人提供帮助。陈成文（1999）也提出，所谓社会支持，就是基于社会网络对弱者提供物质和精神方面无偿帮助的一种选择性社会行为。

按照系统论观点，社会支持是由支持主体、支持客体和支持内容构成的某种系统。具体来看：支持主体是指支持的实施者或提供者；支持客体是指支持的受让者或接受者，它一般是社会弱势群体；而社会支持内容则是指主体给予客体的物质和精神方面的载体，它可以是客观存在的现实，也可以是主观的心理感受。

社会支持可以划分为工具性支持和情绪性支持，工具性支持就是可见的物质方面的直接帮助，以及社会网络、社会团体、组织机构以及法律法规制度等的直接参与过程；而情绪性支持就是个体感受到被理解、关爱、支持及安慰的作用过程。也有学者从提供资源的性质差异出发（Cohen & Wills，1985），将社会支持划分为情感支持、信息支持、友谊支持和工具性支持等四类。

农村留守老人属于社会弱势群体，他们的晚年养老生活及其养老需求的获得具有脆弱性，因此需要政府机构、家庭成员、邻里朋友、村社组织、企业及社会组织等构建起社会支持体系，这一支持体系的建立能为留守老人在物质和精神层面的养老需求提供有效支持和良好服务，从而有助于针对性地提高农村留守老人养老的生活质量、健康水平和精神风貌等。当前，子女外出务工后，留守父母对物质和精神方面的需求已变得更加强烈和急迫，需要积极发挥社会支持的力量和作用，通过资金支持、制度完善、政策引导、养老服务支持、娱乐设施建设、邻里互动增加等方式，全面提升留守老人的社会适应能力和营造社会敬老、爱老氛围，这将有助于提高农村留守老人在物质和精神层面养老需求的获得感和满足感。

2.3　农村留守老人养老需求研究综述

　血缘关系、宗族关系、乡土情结一直浸润在我国养老文化的历史土壤之中，也一直根植于我国经济社会发展的历程中。研究农村留守老人养老，不能脱离我国长期是农业社会和小农经济社会的现实，不然会使研究过程和结论呈现无本之木和无源之水的情形。因此，本书首先需要考察我国的农村养老发展历史，然后对农村留守老人养老需求的国内外研究进行详细梳理。

2.3.1　农村老人养老历史考察

1. 1949 年以前的我国农村老年人养老

（1）政府或统治阶级层面的传统养老。尊老爱幼不仅是我国传统历史文化沉淀积累的一种社会美德，同时也是一种社会行为规范和基本准则。尊老敬老不仅是儒家孝道思想的重要体现，同时也是古代社会治理和统治的一种方式（宋士云，2006）。因此，1949 年以前的养老主要体现以下几方面：第一，政府赐予老人一定的官位和爵位，确保和提升老年人的社会地位。第二，遴选经验丰富且有威望的老年人，担任"三老五更"①，以维护社会稳定；第三，政府设立养老救济机构，对社会中无依无靠的老年人进行救济和赡养，如唐宋时期都对孤寡独居老人每年进行多次赏赐，每次赏赐的金额和间隔时间不定；第四，政府积极推行免役、告老等制度，缓解老年人家庭的经济压力，并提高所在家庭的经济收入；第五，在刑律方面政府也给予老年人量刑从轻处理，当老年人犯罪时会从轻发落，进一步确保老年人的社会地位，如汉朝时期的律法明确规定，"七八十岁以上的老年人予以宽免"（苏保忠，2009）。

由此可见，传统社会中的政府或统治阶级主要通过规范制度和意识形态的控制来维护老年人的社会地位，并将尊老敬老作为社会美德，进一步确保了家庭养老的地位。同时，政府或统治阶级给予了农村弱势老年人一

---

① "三老五更"出自《礼记》，古代统治者为了尊养老人，在基层设置"三老五更"的职位。"三老"寓意老者通晓天、地、人之事，"五更"指通晓五行变化之事的年高德劭之人。

定的物质帮助，以维护社会的整体稳定。

（2）宗族层面的传统农村养老。在"皇权不下乡"的历史背景下，同时由于乡村经济发展较为落后，使得传统社会中的乡村治理更多依赖于乡村本身的自治。而传统社会中的乡村大多以血缘关系为基础，从家庭、家族或宗族一步步扩展而来，家族或宗族关系是乡村建立发展最重要的纽带。因此，基于血缘关系建立的家族或宗族，是传统时期贯彻和执行统治阶级命令的主要载体，更是乡村治理的主体。作为乡村自治重要内容之一的老人养老，宗族或家族在该领域发挥着重要作用，如范仲淹所创设的宗族养老范氏义庄，为当时社会中的贫困和孤寡老人发放米钱（宋士云，2006）。

（3）家庭层面的农村养老。儒家思想历来倡导孝道文化，传统时期子女不履行赡养义务将会被街坊四邻嘲笑，甚至受到政府律例的惩罚。

总体看来，来自家庭的养老是新中国成立前时期的主要养老模式，且在很长的时期内以统治阶级所倡导的家庭养老和孝道文化得到了从上至下的贯彻和实施。

2. 1949～2008 年的我国农村老年人养老

新中国成立以来，随着经济社会的不断发展和西方养老保险制度的引入，传统的养老模式受到了极大冲击（苏振芳，2014）。在中国共产党的领导下，农村地区的养老更是实现了跨越式发展。通过文献梳理发现，新中国成立以来，我国农村地区的农村老年人的养老发展，主要经历以下三个发展阶段。

（1）新中国成立至改革开放前（1949～1977 年）。

新中国成立后，随着农村集体化运动和土地运动的开展，农村的社会生活方式，尤其是农村社会治理模式，发生了根本性变化，传统养老模式的社会基础被推翻，随之而来的是新中国式的养老模式。

新中国成立后，中国共产党在倡导儒家思想中的尊老、敬老、爱老和养老的同时，以马克思主义思想为指导，摒弃了传统社会中的"愚忠愚孝""父为子纲"等封建思想，提倡"父慈子孝"社会地位平等的孝道文化，并将传统的仅对父母尽孝向为全社会人民群众谋幸福的"大孝"转变（冯超，2013）。这一转变的结果是，在集体化时期，人民公社逐渐成为养老的主体，而家庭养老地位却被逐渐削弱。

（2）改革开放至市场经济体制确立前（1978～1991年）。

家庭联产承包责任制的实施，使农民开始有了土地使用自主权，这使得农民不仅在经济方面实现了自由，而且也摆脱了人民公社对其的政治约束，逐渐导致了农村剩余劳动力的产生，并逐渐开始出现有计划的转移和流动。同时，政府为保障农村居民能够"老有所依，老有所养"采取了一系列积极措施，如制定《中华人民共和国婚姻法》《中华人民共和国宪法》（八二宪法）等，都明确规定了对老年人的赡养义务。此外，政府积极推动农业、农村经济发展，鼓励农村地区采取多种经营模式，大力提升了农民家庭的经济收入水平，为农村家庭养老提供经济支持和物质保障。

总的来说，改革开放初期，我国农村剩余劳动力逐渐开始向城镇转移，同时农民的家庭结构和价值观念等都发生了深刻转变，这些都促进了农村地区家庭养老模式的回归。但与之同步产生的是农村五保制度的名存实亡、合作医疗制度的功能减弱、土地保障农民收入功能弱化和城乡收入差距逐步扩大等诸多问题。针对这些问题的出现，党中央及各级地方政府开始探索适应新时代发展的农村养老制度，以不断适应农村居民紧迫的养老需求。

（3）市场经济体制确立至新型农村养老保险实施前（1992～2008年）。

社会主义市场经济体制确立后，我国农村市场化发展也取得了突破性进展，传统的家庭结构、家庭观念以及家庭养老模式也在农村市场化的影响下发生了巨大的变化。主要体现在：一是家庭结构分散化。工业化和城镇化快速发展的显著标志是乡镇企业的快速发展。乡镇企业的快速发展有力推动了农村剩余劳动力的流出和迁移，从而促进了家庭结构的逐渐分散化。二是家庭养老由实物化向货币化转变。农村市场化建设的快速推进，使农村居民的收入水平不断提高，农村居民的家庭消费结构也呈持续改变状态。统计显示，1978～1998 年的 20 年间，我国农村居民人均纯收入以7.9% 的速度逐年递增，1988 年农村居民人均年纯收入达到了 2160 元；而在 1998 年，农村居民人均生活消费性支出中商品性支出占比 70% 以上（蔡昉，2018）。农村市场化建设不仅提高了农民收入水平，也促使农村居民的消费结构发生了变化，并进一步推动了农村老人养老由以实物供养为主向货币支出为主转变。三是家庭养老风险增加。社会主义市场经济体制确立后，城镇化进程不断推进，为满足城镇建设以及人们对基本公共设施的需求，大量农村耕地被征用，导致失地农民数量急剧增加；同时，因工业化生产和推进，导致生态环境破坏的现象屡见不鲜，这些都直接或间接地导致了农村耕地出现水土流失、石漠化以及荒漠化等现象，农村耕地的使用效率和收益急剧下降。显然，这使得农村居民赖以生存的耕地面积数量和质量都在降低，农民依靠土地养老的保障功能显著削弱，农民家庭依靠土地养老的风险也在不断增加。四是农村家庭规模缩小，且结构单一。计划生育政策的实施，使我国人口增长规模被极大程度地限制；在农村，家庭规模逐步缩小，家庭小型化现象越来越普遍，如第七次全国人口普查结果显示，我国农村家庭户的人口为 2.62 人，相比 2010 年减少了 0.48人；同时，父母独居的数量也在大幅度上升，丧偶老人、独生子女家庭老年人以及留守老人等群体规模也越来越大。

基于上述社会背景的转变，政府自 1992 年以来针对农村养老出台了一系列政策措施。1992 年，民政部颁布并实施了"老农保"；1993 年，国务院批准设立了农村社会养老保险机构；1994 年，政府设立了农村社会养老保险服务中心。随着这些试点范围的扩大和推广，我国逐步建立起了中央部委领导下的，省、地（市）、县、乡（镇）以及村为一体的农村养老管理体系。

3. 2009 年至今的我国农村老年人养老

2009 年 9 月 4 日，国务院发布了《国务院关于开展新型农村社会养老保险试点的指导意见》，这为我国建立新型农村社会养老保险制度指明了方向，标志着我国农村社会养老开始进入了新的历史发展时期。文件要求按照"保基本、广覆盖、有弹性、可持续"的基本原则，开展新型农村社会养老保险试点，明确指出新农保要与家庭养老、土地保障、社会救助等其他社会保障政策措施相配套，保障农村居民老年基本生活，并明确要求"2009年试点覆盖面为全国10%的县（市、区、旗），以后逐步扩大试点，在全国普遍实施，2020年之前基本实现对农村适龄居民的全覆盖"。显然，新型农村养老保险具有覆盖面广、普及率高等特点，在我国农村得到了大面积推广，它除了保障农村居民老年基本生活外，还具有政策弹性大、制度优越等特点（夏诗园，2018）。新型农村养老保险的实施，给农民养老带来了福音，它最大限度地缓解了农村居民养老的困境。

2010年10月，第十一届全国人民代表大会常务委员会第十七次会议通过《中华人民共和国社会保险法》，以国家法律的形式规定"国家建立和完善新型农村社会养老保险制度"，"参加新型农村社会养老保险的农村居民，符合国家规定条件的，按月领取新型农村社会养老保险待遇"，并明确提出，"2020年前，全面建成公平、统一、规范的城乡居民养老保险制度，与社会救助、社会福利等其他社会保障政策相配套，充分发挥家庭养老等传统保障方式的积极作用，更好保障参保城乡居民的老年基本生活"。

2013年7月，第十一届全国人民代表大会第三十次会议通过了修订后的《中华人民共和国老年人权益保障法》，从法律角度进一步明确了政府、社会以及家庭等在养老事业中的责任和义务，明确要求赡养人"应当履行对老年人经济上供养、生活上照料和精神上慰藉的义务，照顾老年人的特殊需要"，并明确指出，"积极应对人口老龄化是国家的一项长期战略任务"。这部法律的出台实施对于我国的农村养老保障发展具有重要意义。

2014年2月，国务院发布了《国务院关于建立统一的城乡居民基本养老保险制度的意见》，决定在"十二五"时期末，在全国基本实现新农保和城居保制度合并实施，并与职工基本养老保险制度相衔接，即在全国建立统一的城乡居民基本养老保险制度，以更好保障参保城乡居民的老年基本生活（杨琦萍、彭玉玮，2016）。

2022年2月21日，国务院印发了《"十四五"国家老龄事业发展和养老服务体系规划的通知》，规划并提出实现基本养老保险全国统筹、调整城乡居民基础养老基金等内容，通过织牢社会保障和兜底性养老服务网、扩大普惠型养老服务覆盖面等措施，积极强化我国居家社区养老服务能力和完善老年健康支撑体系，以全面维护城乡老年人养老的合法权益。截至2022年底，全国有各类养老机构和设施38.1万个，其中，养老机构4万个，社区养老服务机构和设施34.1万个，床位822.3万张，这些为基本养老服务体系建设奠定了坚实基础[①]。

总的来说，2009年以来，我国逐渐形成了健全的农村养老保障体系，农村老人养老不再仅仅依靠家庭养老，而是逐渐转向了依靠社区、政府及其他社会组织的共同养老，农村养老的社会化程度显著提高。与此同时，相继出台实施各项养老的法律、法规和文件，全面增强了农村老年人养老的规范化和制度化，有效促进了我国农村养老发展的制度完善，有利于我国城乡养老保障发展的公平化，且有助于缩小我国城乡经济社会发展的差距。

2.3.2 国外农村留守老人养老需求研究综述

通过对文献资料的梳理可以看出：源于西方工业化发展比较早、人口总体规模比较少、城市化发展水平比较高、社会保障制度及政策比较完善等因素，关于农村养老的研究文献资料相对较少，有关农村老年人养老需

---

① 关于推进基本养老服务体系建设的意见［EB/OL］. https://www.gov.cn/zhengce/202305/content_6875460.htm，2023－05－22.

求的资料也多分散于养老保障的法规、制度及政策之中，或者散落于其他有关老人养老问题的调查分析之中，而有关农村留守老人的养老需求研究更是寥若晨星。对于发展中国家而言，由于工业化水平比较低、城市化发展不足、政府治理能力及水平不高、公民权利及主体意识不强等问题，导致其社会保障制度和养老政策等还比较落后，关于农村老人的养老需求研究还处在起步阶段，且多集中在养老生活需求层面的研究。总体来说，国外学者对留守老年人的养老需求研究，主要集中在养老需求的内容和养老需求的影响因素两方面。

1. 养老需求内容方面的研究

在养老需求内容方面，国外学者将养老需求归纳总结为经济物质性需求、精神慰藉性需求和医疗护理需求等三个方面的需求，即俗称的"3M"需求。但需要注意的是，不同阶段、不同区域以及健康状况不同的留守老年人，在经济物质、精神慰藉以及医疗护理等方面的需求存在不同程度的差异。杜吉（Dooghe，1992）认为，老年人需要得到家庭子女、社区以及专业护理人员的日常照看。金尼（Kinney，1996）研究指出，约有85%的老年人至少患有一种及以上的慢性疾病，随着年龄的增长，老年人在吃饭、穿衣、看病等方面的日常照料需求也会逐步提升。查尔斯和唐纳德（Charles & Donald，1998）也认为，随着年龄的增加，老年人的身体和心理机能会逐步衰减，仅依靠家庭养老，难以满足老年人的养老需求。莫洛尼和罗伯特（Moroney & Robert，1998）进一步提出，伴随着社会经济发展，家庭养老难以满足老年人养老需求，这也催生了市场中养老机构的出现；而这些市场养老保障机构，主要由市场部门来提供相关的养老服务。约翰逊（Johnson，2002）认为，随着经济社会发展，居家养老已经难以满足老年人的基本养老需求，而应该将养老需求扩展和延伸到精神慰藉和医疗护理等方面，只有这样才能满足由于时代发展所带来的老年养老生活的新需求。萨娜和马西（Sana & Massey，2010）在研究墨西哥、多米尼加、尼加拉瓜和哥斯达黎加等四个国家后认为，外出务工子女给予父母的经济支持，能有效改善其留守父母的养老生活水平。肯珀和默塔（Kemper & Muraugh，2006）通过实证调查研究发现，在 65 岁及以上和 85 岁及以上的两个年龄阶段的老年人组中，分别有 14% 的 65 岁及以上的老年人和 27% 的 85 岁及以上的老年人会主动和愿意选择去养老机构养老，以便满足自身的养老需求。诺德尔（Knodel，2007）对泰国的农村进行实证调研后认为，子女外出务工后，会改善留守父母的经济生活，也会在一定程度上满足父母的物质需求，而在精神层面的养老需求则无法满足。巴斯克（Busque，2012）对加拿大老人的 9 项居家养老需求进行了实证调查，研究发现老人有 1 项和 2 项养老需求未满足的比例分别为 17.7% 和 50%，其中家政、房屋维修未满足率最高。

2. 养老需求影响因素方面的研究

在养老需求的影响因素方面，国外学者的研究成果显示，老年人养老需求的影响因素主要涉及家庭因素、个人因素、社会文化因素和经济发展因素等。埃瓦什维克（Evashwick，1984）和威廉姆森等（Williamson et al.，2012）等，从老年人的家庭、老年人的个人特征、老年人的身体状况、家庭经济文化现状等视角，深入剖析了对老年人养老需求的影响方式和影响程度。麦克万吉和克里格特（Macwan'gi & Cliggett，1996）对赞比亚的人口迁移进行调查发现，子女外出务工后，由于自身竞争能力不强，导致对家中留守父母的资金支持困难、经济支持意愿不高，从而给留守父母的养老需求产生负面影响。雨果（Hugo，2002）对印度尼西亚的农村留守老人研究后认为，因为子女选择跨省、跨国进行求学或工作，导致子女无法对父母进行及时的生活照料，从而出现留守父母生活照料缺失的局面；海伦（Helen，2002）对印度农村进行实证调研后发现，子女进行跨国迁移后，会对留守老人的内在心灵产生冲击，从而会对留守老人的心理和精神带来许多困扰，同时指出子女外出迁移后对父母的经济支持，并不能有效缓解留守父母内心的孤单感和寂寞感。希勒（Hillel，2004）主要从宏观经济社会发展视角出发，认为社会养老保障制度及政策的制定情况会影响社会养老服务机构的建立和完善程度，进而会影响老年人的养老需求，因此提出需要强化家庭养老护理服务的提供，以满足老年人的养老服务需求。加拉森（Garasen，2008）研究认为，政府应重视专业化的养老机构建设，这将有助于满足老年人在身体健康和精神愉悦方面的养老需求。梅诺等（Meinow et al.，2005）研究指出，需要强化经济支持以满足老年人的养老需求，他实证分析了瑞典宏观经济发展状况以及老年人家庭微观经济现状对老年人养老需求的影响，研究认为：老年人的自身经济收入水平越高，则选择居家养老的可能性越大；反之，老年人的经济收入水平越低，老年人的身体健康状况越差的概率就会越高，进而促使老年人更想从社会或政府机构获取养老支持，以满足自身的养老需求。武尔内塔瑞和金（Vullnetari & King，2008）对阿尔巴尼亚的移民现象调研后发现，由于家庭功能弱化、社会保障制度不完善和公共卫生体制落后，子女外出务工或迁移后，会让留守父母养老面临许多困难，无法满足留守老人在生活照料层面的养老需求。齐默等（Zimmer et al.，2008）通过对比研究发现，由于柬埔寨和泰国都敬奉佛教，因而子女外出务工后，大多依然会继续赡养父母，并给予留守父母一定的经济支持和精神安慰。此外，巴莱森蒂斯（Baležentis，2014）对立陶宛的家庭农场进行调研后发现，子女外出或迁移对留守父母的身体健康超过对父母在经济和精神层面的影响。温特尔（Venter，2019）研究也认为，子女移居国外会导致留守老人养老在经济方面比较脆弱。

2.3.3 国内农村留守老人养老需求研究综述

近年来，随着户籍制度改革的持续推进，农村流动人口规模越来越大，农村留守老年人的规模也随之不断增加。因此，农村留守老年人养老问题已成为近年来学者研究的重点和热点话题。梳理文献资料可以看出，国内关于农村留守老人的养老需求研究，主要从 21 世纪才开始，在研究维度上，多数是对老年人的某一单一需求进行分析讨论，也有部分是对老年人的养老需求进行综合性探究和概括性描述；在研究范围方面，多数是以某一地区或某一村庄进行典型案例研究，也有部分是以全国性的留守老人为对象进行宏观性探索。总的来说，现有关于农村留守老人养老需求的研究，主要集中在留守老人获得经济支持、生活照料、精神慰藉、看病就业、社会支持等方面的研究；同时，由于农村留守老人在不同养老需求方面存在显著差异，因此相关文献也提出了不同的解决思路和应对策略。

1. 经济支持方面的研究

源于我国城乡二元经济结构，农村社会养老保障制度不完善，家庭支持老人养老的能力不足，社会资源支持老人养老的力度不够，从而使农村老人养老面临着巨大的压力和风险。一般来说，农村留守老人随着年龄的逐渐增加，其经济自我供养能力也在逐渐降低，因此获得经济支持是满足留守老人养老的最基本需求。

从现有文献资料看，大多研究认为子女外出务工会给予留守父母经济支持，从而给留守父母养老带来积极影响和正面效应。李强（2001）研究指出，外出务工子女会给留守父母汇款，这笔资金的支持会成为留守家庭稳定的经济来源，从而能较好地改善农村留守老人的养老经济状况。杜鹏等（2004）对安徽、河南、河北等 3 省进行实证调研，通过数据统计发现，子女外出务工能很好地改善留守父母的经济生活状况，相较非留守老人而言，留守老人能获得子女在经济方面更多的支持。孙鹃娟（2006）认为，子女外出务工会给予留守父母经济支持，从而会改善留守父母的看病能力及其身体健康状况。赵佳荣（2012）在研究中指出，提高农村留守老人的可支配收入，会显著提升留守老人的幸福指数，并进一步指出，经济支持水平的提高，会给农村留守老人养老需求的满足带来积极影响。卢海阳（2014）分析指出，子女外出务工给予留守父母的经济支持，是农村留守老人经济收入的最主要来源，子女外出务工时间越长，对父母的经济支持比重就会越高。

与此同时，也有研究文献认为，子女外出务工后，农村留守老人的养老需求在经济方面的支持并没有得到明显改善和有效满足。王全胜（2007）研究认为，由于家庭养老功能弱化，尤其是传统养老"孝"文化的衰落，外出务工子女对留守父母的经济支持和赡养老人的意愿并不高，甚至在子女间出现推诿扯皮现象，并视留守父母的养老需求为负担和羁绊。周祝平（2009）从成本视角进行研究，认为子女外出务工并不会给予留守父母更多的经济支持。从现实情况看，子女选择外出务工，会面临就业、住房、医疗及小孩上学等问题，并导致其城市生活的成本急剧上升，这在一定程度上会影响甚至降低对留守父母的经济支持。苏锦英等（2009）对江西省的农村留守老人进行了实证调查，统计分析后认为，子女选择外出务工后，留守父母在养老的经济需求方面并没有得到很好满足，并进一步指出，留守老人与非留守老人在养老的经济来源方面并不存在显著差异。雷敏（2012）通过定量分析认为，留守父母虽然能得到务工子女的经济支持，但是留守老人经济状况的改善情况并不明显。肖华堂等（2015）从外出务工子女的特征出发，认为外出务工子女的文化水平普遍较低、职业技能普遍不高、综合素质普遍不强，主要从事一些体力型或劳动密集型岗位，整体经济收入水平并不高，因此无法为留守父母提供足够的经济支持，进而对留守老人的经济生活水平提高和生活质量改善并不明显。

2. 生活照料方面的研究

按照马斯洛的需求层次理论，随着老年人的年龄增加，其生活和安全都需要有人照料；虽然留守老人会因其养老资源禀赋的差异，导致其养老需求在不同阶段存在轻重缓急的差异，但是老年人养老在衣、食、住、行和医疗方面的需求却是统一和一致的，尤其对经济窘迫、身体患病的留守老人而言，其对生活照料层面得到支持和满足将更加强烈和急迫。

从生活照料的主体看，贺聪志（2010）认为家庭养老依然是农村占据主导的养老模式，虽然留守老人的生活照料主体可以划分为政府、社会、社区和家庭等四个层面，但子女在留守老人的生活照料中仍然是主要的支持者，并进一步指出，子女外出务工后，留守老人的配偶是生活照料的主要供给者，邻里及亲朋好友是生活照料的边缘供给者，然而在现实情况下，政府及村社组织却是生活照料的缺位供给者，它们在留守老人的生活照料方面并没有发挥作用。

从不同研究视角看，谢慧娟等（2006）研究认为，由于土地保障功能减弱、家庭养老功能弱化、传统"孝"文化淡化以及家庭结构小型和单一化等问题，促使子女外出务工后，会将有限的精力更多倾向于下一代，从而导致对留守父母的生活照料不够和存在缺失现象。田玲（2014）研究认为，子女外出后对留守父母的生活照料产生了反作用力，由于家庭养老和传统孝悌文化受到了冲击，留守父母不但要承受心理孤寂感外，还要承担家务劳动、农业劳动及隔代照料等责任，反而使留守老人的晚年生活更加忙碌，生活压力和负担也更加沉重。与此同时，王晓亚（2014）从不同视角对留守老人的生活照料情况进行了深入剖析，认为在农村由于存在家庭养老功能弱化、养老服务体系不完善等问题，导致由子女支持为主的传统养老生活照料在向留守老人的配偶照料或自我照料的方式转变，并指出，留守老人的自理能力越差，其获得子女的生活照料反而会变得越少。

此外，也有研究指出，农村留守老人养老在生活照料方面的满足程度，主要取决于外出务工子女的务工距离。焦克源等（2011）通过定性分析指出，子女外出务工所产生的空间距离，导致子女无法对留守父母进行及时的日常生活照料，并指出由于农村社会生活照料服务的不健全，导致通过第三方去对留守父母进行生活照料也是困难重重。

显然，从已有的研究文献资料可以看出，子女选择外出务工后，由于农村养老保障制度不健全和不完善，导致留守父母的养老生活照料需求并没有得到满足；同时，大多研究也认为，子女外出务工对留守老人在生活照料层面的影响是消极和负面的。

3. 精神慰藉方面的研究

根据马斯洛的需求层次理论，相较于经济支持和生活照料层面的需求而言，老年人的精神慰藉需求是属于更高层次的需求，这也是农村留守老人养老需求的重要组成部分，而从现有的文献资料可以看出，对农村留守老人精神慰藉需求研究的关注度并不高。

有研究文献指出，子女外出务工可以弥补留守老人的精神慰藉需求问题。朱茂静（2019）通过实证调研认为，子女选择外出务工，会给予留守老人一定的经济支持，那么留守父母所面临的经济生活压力就会降低，进而会促进农村留守老人的精神慰藉需求得到满足。

需要指出的是，大多研究认为子女外出务工后，留守老人的精神慰藉需求没有得到满足。申喜连等（2017）在研究中指出，满足留守老人的精神慰藉极为重要，它是农村留守老人养老需求的重要组成部分，然而实际情况却是留守老人的精神赡养常常被忽略。李文琴（2014）、王彦方（2014）、候蔺（2015）等也认为，子女外出务工后，留守老人的精神需求没有得到重视，精神赡养不足已成为普遍现象，留守老人的内心孤独感已经常态化。卓瑛（2006）分析指出，子女外出务工导致子女与留守父母长期处于分离状态，同时由于隔代照料责任和劳务活动增加以及休闲时间减少，从而不可避免地会让留守父母在心理上产生孤独感。孙鹃娟（2006）研究认为，外出务工子女与留守父母因生活方式、现实压力、价值观念的差异，会导致相互间的情感沟通存在障碍，从而会加重留守父母在精神慰藉方面的缺失感。宋月萍（2014）对留守老人心理健康影响进行对比研究发现，子女选择外出务工会导致留守父母的心理孤独感明显上升。杜卫萍（2017）通过案例分析的研究方式指出，子女选择外出后与留守父母间的空间距离增加，会导致留守父母缺乏来自子女的关心、关爱和亲情关怀，从而让留守父母容易出现自我封闭和抑郁状态，进而导致其自我内心的孤单感会不断增加。

从现有文献资料看，有不少研究基于不同的研究视角和路径，通过实证调查对农村留守老人的精神慰藉情况进行了深入剖析，但大多研究也认为我国农村留守老人的精神慰藉需求并没有得到有效满足。

从留守老人的精神生活情况看，叶敬忠等（2008）通过实证调研指出，外出务工子女与留守父母间的电话沟通，呈现沟通频率低、沟通时间短、沟通内容单一等特征，例如，子女与留守父母进行心理交流的仅占9%，甚至有近10%的外出务工子女与留守父母未进行过电话沟通，显然外出务工子女对留守父母的精神慰藉存在严重不足。夏业领等（2014）通过实证调查指出，农村留守老人的精神状况具有传统思想意识浓厚、精神生活比较模糊、情绪波动比较大、抑郁倾向明显等特征，这会导致留守老人的精神慰藉需求低。倪晓宇（2017）通过对齐河县的实证调研认为，子女外出务工后，农村留守老人在精神需求方面普遍存在感觉到孤独、缺乏安全感和感到空虚无聊等问题，其产生的原因主要在于家庭养老的经济基础被打破、传统孝道文化衰退和农村文化娱乐设施不完善，并提出从政府、家庭和社区角度，积极构建农村养老服务体系，以满足农村留守老人的养老精神需求。吕琳琳（2021）对河南中牟县的实地调研认为，农村留守老人的精神生活需求没有得到满足，其主要原因在于留守老人的身心发展囿限和家庭结构改变，指出留守老人面临身体机能衰退、行动能力降低、心理承受能力下降、沟通宣泄渠道缺乏等现状，导致其情绪孤僻、精神空虚的精神状态，且常常呈现孤单、忧郁的情绪；同时，子女外出务工甚至在城里定居生活，导致留守老人无法适应变化，精神需求无法得到满足。据此，吕琳琳（2021）提出要不断丰富农村留守老人的精神生活，通过加强身心健康教育和丰富文娱生活方式，如建设休闲娱乐设施、定期开展文娱活动以及鼓励娱乐创收两不误等，满足农村留守老人的精神生活需求。

从养老文化的视角看，芦明辉（2012）研究认为，农村留守老人由于自身的身心特点、隔代照料责任以及子女的关心关爱不够，导致留守老人的精神慰藉无法满足，精神生活单调枯燥，他提出，需要积极完善农村文化设施，不断加强农村的养老文化宣传，丰富和充实农村留守老人的晚年养老生活。

从留守老人的生活满意度来看，朱杰等（2020）分析认为，子女回家频率以及与父母沟通频率越高，则留守老人的生活满意度就会越高，同时认为代际间的冲突会对留守老人的生活满意度产生负面影响，并进一步指出，相较于物质方面的经济支持，留守老人更倾向于精神慰藉需求方面的满足。

4. 看病就医方面的研究

农村留守老人因自身年龄逐渐增加、经济生活水平不高、农业劳动任务繁重、隔代照顾压力大等问题，会导致其晚年养老质量水平不高，患病概率增加。因此，及时获取高质量的医疗保障服务，满足养老看病就医需求，以及大幅度减轻养老医疗的经济压力，是满足农村留守老人养老需求和提高养老质量水平的重要途径。

苏锦英等（2009）对比分析后认为，子女外出务工后，农村留守老人的身体健康状况不容乐观，比农村非留守老人更严重。姜丽美（2010）调查发现，安徽农村地区的留守老人的身体健康状况不乐观，并指出，其主要原因是，子女外出务工后，留守父母的生活负担会进一步加重，同时子女无法及时对父母进行生活照顾。郭永芳等（2010）对阜阳市的留守老人调查后认为，农村留守老人的看病就医需求无法得到满足。陈铁铮（2009）对湖南258名农村留守老人进行了实证调查，其中超过30%的留守老人认为看病就医需求根本无法得到满足。孙鹃娟（2016）通过实证调查后指出，由于子女选择外出务工，村镇卫生医疗条件较差，加上医疗保障制度不完善且保障水平低，导致农村留守老人大多选择小病不管、大病就拖的情况，有近70%的留守老人认为自己身体健康状况不好，显然农村留守老人的看病就医需求没有得到满足。

5. 社会支持方面的研究

庄文静等（2013）研究指出，由于传统家庭养老功能弱化，农村医疗服务体系并不健全，因此需要强化农村社会养老体系的构建和完善，以满足农村留守老人的基本日常养老生活需要。郭永芳（2014）在调研农村留守老人生存状况后指出，由于农村留守老人倾向于生活在自己熟悉的社区，因此建议加强农村社区的基础设施建设，增强农村社区养老服务的供给水平，提高农村志愿者养老服务队伍的服务质量。福鹏（2014）深入剖析了农村留守老人社会支持方面所存在的问题，包括社会组织力量薄弱、执法力度不够、家庭养老功能弱化、留守老人照料孙辈和配偶的负担重，以及获得的社会支持不足等，并提出构建三位一体的社会支持体系，以满足农村留守老人在经济提供、生活照料和精神情感等方面的养老需求。唐踔（2016）考察了我国农村留守老人的养老现状，认为留守老人养老的社会支持系统存在支持体系不健全、支持水平不高等问题，并进一步指出，政府、社区和家庭在养老需求的支持中存在明显不足，需要不断改进和完善。汪凤兰等（2017）基于分层视角，指出留守老人在养老意愿和养老需求方面是存在显著差异的，并据此建议按照留守老人不同的养老需求去提供有针对性的养老服务项目。胥纳新（2021）通过实证调查后分析认为，东营市的农村留守老人在经济支持、生活照料、精神慰藉和医疗救助等方面存在问题，并基于社会支持理论提出，需要从完善家庭养老激励机制、强化养老服务机构职能、加强社区养老救助服务和保障非正式支持等层面，去构建农村留守老人的养老社会支持体系。

6. 养老需求满足策略方面的研究

养老需求得不到有效保障和满足，不仅会对留守老人的养老生活带来困难和伤害，还会给留守家庭的正常生活带来不利影响，更会对我国农村经济社会的健康发展造成负面影响。因此，子女选择外出务工后，针对农村留守老人在经济支持、生活照料、看病就医及社会支持等养老需求层面所存在的问题，大多研究都针对性地提出了相应的对策。总体来看，满足农村留守老人养老需求的应对策略，主要集中在政府、社会、家庭及个人等层面。

（1）政府层面。黄军锋（2009）从定性角度分析认为，要确保农村留守老人的养老需求得到满足，需要出台保障留守老人养老权益的法律法规，以明晰政府、社会、家庭及其子女在留守老人养老需求满足中的责任。李春艳等（2010）经过实证调查后认为，子女外出务工后，由于留守父母从政府所获得的经济支持和保障都比较有限，因此提出，需要建立社会支持体系，如发展县域经济、兴建养老服务机构、完善社会保障制度以及农村基础设施等，以不断满足农村留守老人的养老需求。王辉（2015）从政策工具视角出发，认为多元福利供给与养老政策工具，是留守老人养老问题得以有效解决的两大法宝，需要相互配套进行综合使用。李卓等（2016）从政府责任视角进行研究认为，农村留守老人养老属于社会公共性问题，若仅依靠家庭、社会或老人自身去承担养老责任，显然行不通，因此提出需要政府强化各种养老法规制度的出台，尤其需要加强对留守老人养老的财政资金支持力度。

（2）社会层面。夏益俊（2009）提出，需要在全社会大力弘扬尊老爱幼的风尚，建立由各个社会力量构成的社会组织，及时为留守老人的养老需求提供服务，以解决其养老过程中所遇到的各种困难。陈锋等（2012）也提出了相似的建议和策略，认为需要调动各种社会力量，广泛参与到农村留守老人的养老问题中来，通过资金支持、互助活动等方式，切实解决留守老人的养老问题。郭永芳（2010）从留守老人所面临的养老需求问题出发，提出应积极倡导农村社区养老，并认为需要积极强化农村养老基础设施的建立，以满足农村留守老人的养老需求。卢晓莉（2017）从典型案例研究出发，认为子女外出务工后，要有效解决农村留守老人的养老需求问题，就需要积极推动社会组织及力量的参与，全面整合社会组织的各种养老资源，从而构建起多元主体参与、多方联动的养老服务新格局。

（3）家庭层面。家庭依然是留守老人养老不可或缺的载体，甚至是部分留守老人养老需求得以满足的全部和希望。张大勇（2007）认为，家庭依然是农村留守老人养老的主导力量，需要采取措施鼓励子女对留守父母养老提供经济支持和生活照料的意愿，不断强化激励家庭发挥好养老功能。伍海霞（2015）在对比分析后明确指出，家庭养老在解决留守老人的养老需求中，起着极为重要的作用。牟新渝（2016）认为，外出子女需要认真履行赡养义务，除了采取传统的居家养老方式外，还可以为留守父母购买养老服务，通过这种出"钱"和出"力"的方式，全面满足农村留守老人的养老需求。吴翠萍等（2015）在研究中也指出，要满足农村留守老人的多元养老需求，需要调动内外部养老资源，尤其需要强化内部资源即家庭养老功能的发挥，积极促进家庭子女赡养老人责任的承担。

（4）个体层面。子女选择外出务工后，农村留守老人的个体生物性特征以及群体性特点，已被塑造和固化成为社会弱势群体，是一群被动接受其他社会主体注视、关注和照顾的群体。基于这种情形，高端琴和叶敬忠（2017）从生命价值视角出发，认为留守老人需要重新认识自我，他们不是"废弃的生命"，更不是家庭的累赘和子女的拖累，而是"乡村的根基"，同时认为留守老人需要保持积极向上的心态，积极规划自己的养老生活，主动去融入乡村社会和集体活动，不断充实自己的精神世界，这将有助于农村留守老人的养老需求得到满足，更有助于乡村社会的和谐与稳定。

此外，也有研究文献指出，子女外出务工后，由于留守老人的养老需求是全方位、多维度的，因此需要综合性考虑、发挥养老需求各参与主体的职能，以全面满足农村留守老人的养老需求。杨霞（2018）以需求为导向，对云南民族地区的农村留守老人进行了实证调查，分析认为留守老人的日常生活自理能力较差，各方面养老需求的满足程度都较低，且留守老人最为关注的是生活照料和医疗服务这些低层次养老需求，分别占比为67.7%和23.3%；然后据此提出，云南民族地区农村留守老人最理想的养老模式是家庭养老和社会居家养老相结合的方式。韩振秋（2021）基于乡村振兴战略视野，深入剖析了农村留守老人养老所存在的困境，认为在乡村振兴战略的实施过程中，农村留守老人的需求愈发强烈，且正从生存需求向发展需求转向，从物质需求向精神需求转变，并提出需要各养老供给主体，增加农村养老服务供给数量，积极提升养老服务能力，以全面满足农村留守老人的养老服务需求。

2.4　研究评述

总体来看，国外关于农村留守老人养老需求的研究并不丰富翔实，且不成体系。其主要原因在于：一是由于西方经济社会发展早已进入了后工业化时代，加上其文化、制度、人口等因素影响，在其历史发展过程中，农村留守老人的存在只是一个短暂现象，并未对其社会发展带来较大的压力和产生负面影响，因此研究资料并不丰富和翔实。二是国外关于农村留守老人养老需求的研究，多以发达国家为对象进行研究。针对当前发展中国家普遍存在经济发展滞后、社会保障制度不完善、人口整体素质不高、社会化养老组织不健全等，尤其是工业化发展速度和城镇化发展水平落后和缓慢背景下的农村留守老人的分析和研究却并不普遍。三是从现有的文献资料看，对发展中国家农村留守老人的养老需求研究，多集中在养老生活照料和安全需要方面，并提出了相应的解决思路和应对策略，而在精神层面的研究更多是从社会、经济环境的变化、自身特质因素展开，但是对于子女缺位所造成的留守老人心理层面影响的研究却十分有限。

从国内已有的研究文献及成果来看，我国是一个传统的农业化国家，经过改革开放后的几十年发展，目前的工业化水平较高、城镇化发展速度较快、信息化水平较先进，总体上看已进入了工业化发展时代，生产效率提升以及城市户籍管制力度的下降，越来越多的农村剩余劳动力开始寻找外出劳动机会，这就导致了大量的老人和儿童留守在农村。这部分老人的养老需求会有什么样的特征？其与非留守老人的养老需求有什么区别？这些问题逐渐成为国内外学者关注的重点和热点。同时，从前面文献综述研究的分析可知，不同学者分别从多个维度探究了农村留守老人养老需求难以得到满足的现象，并给出了相应的解决思路和应对策略，但从总体上看，我国农村地区留守老人的养老需求问题研究依然存在一些不足。这些不足主要表现在：

第一，从研究视角看，现有研究多集中在留守老人获得经济支持、生活照料、精神慰藉、看病就业等方面的单因素研究，且基于存在的问题提出了相应的解决思路和应对策略，然而系统化分析农村留守老人的养老需求状况的文献却较少，尤其针对子女外出务工所产生的影响以及背后的影响机理研究十分有限。

第二，从研究内容上看，国内学者更多将研究焦点集中在子女外出务工对留守老人较低层次的需求，而对于农村留守老人高层次需求的研究却十分有限。具体而言，已有文献更多强调子女养老支持角色缺失对于老年人基本需求的影响，如生活照料、心理支持等，但是对于高层次需求，如社会交往需求、灵性寄托需求等层面的研究却十分有限。随着经济社会的快速发展，农村地区老人面临的主要需求已经不再仅限于生存的基本生理和心理需求，而是逐渐开始追求高层次的精神需求目标，但是已有研究却明显滞后于现实的发展。与此同时，已有的文献对于影响机理的分析也十分有限，这对于政府出台针对农村地区的养老政策以提升农村居民的获得感和幸福感显然不利。

第三，从研究数据上来看，因为数据的可得性限制，目前国内关于留守老人的养老需求的研究更多是基于大型公开数据而展开，虽然仍可以得到稳健的结论，但是大型公开数据更多强调搜集数据的广度，而不会根据具体研究内容去设计相应的调查问题，这就导致很多有意义的研究会因为大型公开数据库缺少独特的数据条目，而无法进行专门的检验，如子女外出务工对于留守父母灵性寄托需求的影响研究。

第四，从研究方法上来看，已有研究更多是采用基础回归模型方程，例如有序 Probit 模型、Logit 模型或者 OLS 回归方程，并且大部分文献对于内生性问题的探讨不足，但是养老需求与子女外出务工之间显然存在比较明显的内生性问题，若缺少相应的内生性问题检验，得到的实证结果无法满足因果推断的要求，相应的实证结果也是不够稳健的。

基于上述文献梳理和认识，本书以农村留守老人为主要研究对象，以子女外出务工对农村留守老人养老需求的影响方向、影响程度和影响机理为研究内容，采用笔者所在课题组 2017 年所进行的劳动力流出地养老需求调查的微观调查数据，运用了包括有序 Probit、IV-Ordered Probit、得分倾向匹配（PSM）等实证研究方法，深入探讨子女外出务工对农村留守老人的生活照料需求、心理支持需求、社会交往需求以及灵性寄托需求的影响，并详细探究了以上影响的内部影响机理，然后根据研究所呈现出的问题提出了针对性的对策性建议。

第 3 章

农村留守老人养老需求
现状调查分析

从第 2 章的文献综述可以看出，国内外学者主要从生活照料、经济供养和精神慰藉等三个方面，对老年人的养老需求进行了探讨。基于已有的研究成果以及留守老年人群体的特殊性，结合新时代我国经济社会发展的战略目标，在借鉴奥尔德弗的 ERG 理论基础上，本书将农村留守老人的养老需求划分为"生活照料需求""心理支持需求""社会交往需求""灵性寄托需求"。需要指出的是：一是留守老人的生活照料需求，主要涉及老人在养老过程中的经济收入、居住条件、村社活动设施以及养老政策制度支持等，显然，这与 ERG 理论中的生存需求（E）内涵相同。二是留守老人的心理支持需求，侧重于来自子女的关爱、关心和老人与左邻右舍的关系等方面，社会交往需求则主要涵盖老人在闲暇时间的活动内容，如走亲访友、聊天、下棋、看报、打牌等活动形式；而 ERG 理论中的关系需求主要是指个体的主观感受，如人与人之间的信任、被关爱或相互关怀等。显然，本书中的心理支持需求和社会交往需求与 ERG 理论中的关系需求（R）内涵相一致。三是留守老人的灵性寄托需求，根据前面的概念界定可知，老人的灵性寄托属于养老的高层次需求，涉及老人自我人生的价值和意义、超越性体验以及社会归属等方面；同时，ERG 理论中的发展需求侧重于自我潜能的发挥、能力的胜任、自我价值的实现等。显然，本书的灵性寄托需求与 ERG 理论中的发展需求（G）的内涵及本质是一致的，都是为了自身的高层次需求能得到满足，自己的人生价值能得到体现，从而让自己获得一种被尊重和被满足的内心体验。

本章将从"生活照料""心理支持""社会交往""灵性寄托"这四个维度，分别对劳动力流出地农村留守老人的养老需求现状进行详细分析，从而勾勒出劳动力流出地农村留守老人养老需求的大致情况，进而为后续章节探讨留守老人养老需求的影响研究奠定坚实的基础。

3.1 调查概述及样本选择

3.1.1 调查概述

2017 年，本课题调查组对我国劳动力流出地省份的农村老人进行了走访入户问卷调查，获得了相应的微观调查数据。

1. 问卷抽样逻辑

第一步，确定抽样省份。本次实证调研主要选择了我国农村劳动力流出省份较多的 10 个省份。第二步，确定市区。采用分层抽样法，在每个省份随机选择两个市区，合计为 20 个市区。第三步，选择行政村。采用整群抽样法，在每省份被选择的两个市区中共抽取 12 个行政村。第四步，样本选择。采用随机抽样方法，在到达调研目的地，与村干部进行初步交流后，了解本村的老人数量，随机抽取该行政村的 10 位老人进行调研。

2. 调研样本概况

本次调查共发放问卷 1200 份，回收问卷 1038 份，回收率达到

86.5%，有效问卷数为 915 份，有效率为 88.15%。

3.1.2 样本选择

基于调查数据的可得性、代表性及可行性等标准，本书选择如表 3.1 所示的样本作为被调查对象。

表 3.1 调研案例清单

序号	地点	调研内容	样本数量
1	重庆市北碚区北温泉街道金刚村和人民村	总体调研情况，包括农户问卷调查，地区的政府机关、养老院等机构的走访调查	182
2	江西省上饶市玉山县下关镇	居家养老服务模式调研	175
3	四川省南充市嘉陵区大观乡、大竹县	敬老院实地调研	191
4	湖北省黄梅县张思永村、潜江市孙拐村、枝江市问安镇关庙山村等	养老机构运营模式调研	171
5	河南省焦作孟州市	试点调研，该市为国务院第三批新型农村社会养老保险试点和第一批城镇居民社会养老保险试点	183
6	贵州省遵义市道真仡佬族苗族自治县、毕节市	扶贫地区、少数民族地区调研	136

根据表 3.1 可知，以上调查样本主要集中在我国劳动流出地较多的省份，而且还包含有少数民族地区的样本，其中不仅包括机构养老样本，也包括居家养老样本。通过对这些样本进行分析，可以基本勾勒出我国劳动力流出地老年人养老的基本情况和现状。

3.2　农村留守老人养老的生活照料调查

3.2.1　生活照料指标选择

根据社会保障领域内的经典文献可知，老年生活照料属于一个多维度概念，一般情况下，主要包括身体照料、家务照料、疾病照料以及护理照料等方面，为了探究劳动力流出地留守老人的生活照料现状，本书选择如表 3.2 所示的指标来反映生活照料情况。

表 3.2　　　　　　　　　劳动力流出地老人的生活照料指标

指标名称	具体定义	问题设计
基本生活费用需求	主要指老年人生活照料中"衣食住行"基本生活条件的经济需求	问题：你觉得你的基本生活费用够用吗？ 选项："很充足""够用""勉强够用""不够用""很缺乏"
住房需求	主要指老年的基本生活物理环境的需求	问题：您对目前居住条件满意吗？ 选项："很满意""满意""不满意""很不满意"
医疗条件需求	主要指老年人现在享有医疗服务和设施的需求	问题："您认为您现阶段选择医疗点能否消除您的病痛？" 选项："能""不能"
陪护需求	主要指老人在日常生活中对陪伴照料和在生病期间对医疗护理的需求	问题：家人、朋友和邻里对自己照顾频率？ 选项："经常""一般""偶尔""从不"

3.2.2 生活照料现状

为了能有效反映老年人的基本生活情况，本书分别对上述四个问题的调查数据进行界定。首先，对于生活费用需求指标。假如调查对象选择"不够用""很缺乏"这两个选项，就被认定为基本生活费用并未得到满足，这也可以反映基本需求状况。其次，对于住房需求指标。调查对象若选择"不满意"和"很不满意"选项，则意味着现阶段住房条件难以满足其居住需求。第三，对于医疗条件需求指标。假如调查对象选择"不能"，则意味着目前医疗资源条件并不能满足其需求。第四，对于陪护需求。假如调查对象选择"偶尔""从不"选项，则认为其陪护需求并未得到满足。

对调查数据进行总结后得到图3.1。

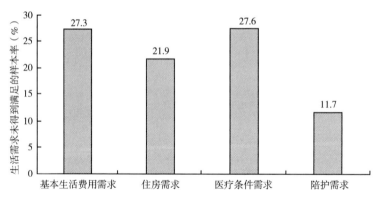

图3.1 劳动力流出地农村劳动力生活需求未满足程度

由图3.1可以看出：

第一，老年人的医疗服务需求无法满足的程度最高。根据调查数据可知，近28%的老人认为，其医疗服务需求没有得到满足，从侧面说明劳动力流出地基础医疗条件和资源供给与需求存在较大缺口，这势必会极大影响部分老人养老生活需求的满足，并会严重阻碍其养老生活质量的提升。

第二，基本生活费用需求难以满足的程度也较高。数据显示，超过
27%的老年人认为其基本生活费用需求难以得到满足。根据相关文献可
知，劳动力流出地老年人收入主要来源于子女支持和社会保障收入，若子
女的支持相对稳定，而基本生活费用需求难以得到满足的原因可能是政府
的社会保障费用支持过低。

第三，居住需求难以满足程度排在第三位。数据显示，约22%的调查
对象认为其住房需求难以得到满足；近31%的老年人仍然居住在土墙房
内，并有40%的房屋出现了明显漏风、漏水等现象，面对这样的居住环
境，劳动力流出地老年人的养老状况和质量均不容乐观。

第四，陪护需求的满足程度最高。数据显示，约12%的老年人认为其
陪护需求无法得到满足。这说明这些老年人对于陪护需求的期望较低，
其中可能的原因在于，虽然子女外出务工难以满足家人陪护的需求，但
在农村环境下，来自邻里、朋友的支持可以满足其大部分的陪护需求；
调查数据也显示，约70%的老年人认为，邻里和朋友能满足其基本的陪
护需要。需要指出的是，子女陪伴的缺失未来可能是老年陪护需求难以
得到满足的重要原因，因为子女陪护才是老年人陪护需求得到满足的关
键所在。

3.3　农村留守老人养老的心理支持需求现状

3.3.1　心理支持的具体指标及内涵

老年人养老的心理支持主要来自子女、配偶以及社会群体的照顾和慰
藉，老年人得到周围群体的心理支持，是保障老年人身心健康的基础。按
照经典养老需求理论，老年人的心理支持主要来源于社会心理支持和家庭
心理支持。为了准确反映劳动力流出地老年人养老心理支持的需求水平，

本书也主要从这两个方面来进行探讨。

按照社会心理支持和家庭心理支持两个维度，调查问卷涵盖的指标名称、含义如表3.3所示。其中，子女关系需求和子女关爱需求两个指标属于家庭心理支出需求，而邻里关系需求则用来表征和衡量社会心理支持水平。

表3.3 劳动力流出地留守老年人心理支持需求指标

指标名称	具体定义	问题设计
子女关系需求指标	主要是指日常生活中老年人对子女关系需求状况	问题：您与子女相处的关系怎样？ 选项："矛盾很大""有点矛盾""平平淡淡""还可以""很愉悦"
子女关爱需求指标	指老年人对于子女在精神上、心理上所给予的关心和爱护需求	问题：您觉得子女对您的精神生活的关爱怎样？ 选项："很充足""较充足""一般""不够""很缺乏"
邻里关系需求指标	指通过邻里间的相互关心、关怀所带给老人的社会归属感的需求	问题：您与街坊邻居相处得怎样？ 选项："非常融洽""比较融洽""一般""有点矛盾""很大矛盾"

3.3.2 心理支持需求现状

为了准确反映劳动力流出地老年人的基本生活情况，本书对各指标的调查数据进行了界定。一是子女关系需求指标。假如调查对象选择"矛盾很大"和"有点矛盾"这两个选项，就被认定为留守老人对子女关系需求并未得到满足。二是子女关爱需求指标。调查对象若选择"不够"和"很缺乏"选项，则意味着现阶段留守老人对子女关爱的需求并未满足。三是邻里关系需求，若调查对象选择"有点矛盾"和"很大矛盾"选项时，则意味着目前老年人的邻里关系需求并未得到满足。

三个指标的统计数据，可以用来描述农村老年人心理支持需求的现状，并有助于准确掌握农村留守老人心理支持层面的需求状况和薄弱环节（见图3.2）。

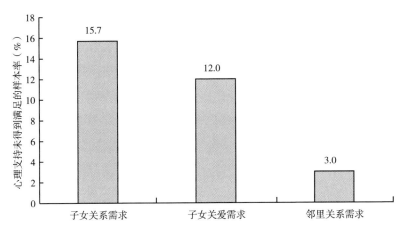

图3.2 劳动力流出地农村老年人心理支持无法满足程度

从图3.2可以看出：

首先，劳动力流出地农村老年人的子女关系需求满足程度最低。对子女关系需求方面，约1/6的老年人表达了"矛盾很大"和"有些矛盾"的情况，这符合劳动力流出地现状，即农村年轻人大多外出务工，老年人直接与子女互动的机会相应减少，这显然不利于父母与子女之间和谐关系的建立，两者间的亲近关系自然下降。

其次，老年人对子女关爱需求无法满足程度要比对子女关系需求无法满足程度低。大约12%的农村老年人认为，子女在精神和身体上并未给予自己足够支持，进而导致老年人关爱需求难以满足。其主要原因在于：一是，随着农村经济社会的发展，老年人越发重视自身精神层面的需求，除希望子女在物质方面提供支持外，更需要获得子女在精神方面的支持；二是，劳动力外出务工，无法直接照顾和关爱自己的父母，大多只能通过电话、视频等方式与父母进行沟通联系，长久的距离感显然不利于留守父母的关爱需求得到满足。

最后，邻里关系需求的满足程度最高。仅有3%的老年人认为自己与邻里关系不够好。其主要原因在于：农村留守老人与邻居互动交流的机会更频繁，甚至日常生活照料中也会得到邻里间的帮扶，这更容易满足老年人的心理需求，其精神生活意识和认知会更容易得到满足。

总体而言，在心理支持层面，父母对于来自子女的心理支持更为看重，更渴望获得来自子女在心理层面的支持；而从实证调查数据的统计结果看，来自子女的心理支持明显较低，这从侧面反映出了劳动流出地农村留守老人的养老心理需求现状，即子女外出务工导致农村留守老人的心理支持需求难以得到满足。

3.4 农村留守老人养老的社会交往需求现状

3.4.1 社会交往具体指标及内涵

社会交往是指，在一定条件下，个体间通过一定的媒介和渠道，进行物质、精神交流等活动的统称。作为社会的组成个体，显然无法脱离社会网络而"隔离生活"，老年人也不例外，甚至在某种程度上这部分群体对于社会交往需求更为明显，主要源于其闲暇时间增加，若没有合适的社会交往渠道疏导，将不利于老年人的身心健康。

为便于刻画劳动力流出地农村留守老人社会交往需求现状，根据前述研究，本书将老年人社会交往方式设定为走亲访友、串门聊天、看电视、看报刊、下棋打牌，其中，交往方式中的"串门聊天""走亲访友""下棋、打牌"属于群体社会交往方式，而"看电视""看报刊"则属于自发性自我交往行为。基于此，设计问题"闲暇时您会做什么"，并设计"走亲戚""看电视""看报刊""串门聊天""下棋打牌"等5个选项（该题为多选题），通过老年人的选择情况，来衡量其社会交往需求的满足情况。

3.4.2　社会交往层面需求现状

对劳动力流出地老年人社会交往形式的调查统计结果如图 3.3 所示。

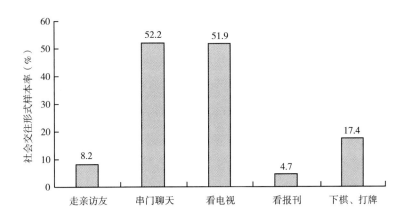

图3.3　劳动力流出地农村老年人社会交往形式选择

由图 3.3 可知：

首先，农村留守老人的社会交往形式更多地表现为"串门聊天"和"看电视"两种，其频次都超过了 50%，这说明老年人更倾向于选择相对轻松、便捷的社会交往活动。

其次，农村留守老人对下棋、打牌的需求相对较少。仅约 17% 的农村老年人愿意将下棋、打牌作为自己的社会交往活动，其原因可能在于：下棋、打牌需要耗费大量的时间，在家务、留守儿童照顾、农活等无法得到子女支持的条件下，老年人无法进行耗时较长的下棋、打牌等社会交往活动方式。

最后，"走亲访友""看报刊"的需求明显低于其他的社会交往活动。这在一定程度上说明：（1）由于身体机能的下降，农村老年人对于远距离的走亲访友活动，可能会变得力不从心，再加上网络信息技术的进步，老年人进行远距离活动的意愿就变得更低了，导致农村老人更倾向于采用近距离邻居间走访的社会交往活动，即村民间的串门、聊天等活动方式。
（2）本次的调查统计表明，农村老年人的文化水平普遍不高，调查样本中约74%的老年人学历是在初中、小学及以下。显然，这种文化水平及知识结构是无法支持老人去选择读书、看报刊等社会交往方式，并且随着信息技术的发展，报纸的发行量逐渐萎缩，农民接触到报纸的概率更低，这也从客观上降低了农村老年人对"看报刊"的需求。

综上所述，农村留守老人的社会交往方式依次为：串门聊天、看电视、下棋打牌、走亲访友、看报刊。显然，从统计数据可以看出，目前，劳动力流出地农村留守老人，其社会交往多选择单一、轻松、便捷而又耗时较少的活动方式。

3.5 农村留守老人养老的灵性寄托需求现状

3.5.1 灵性寄托指标选择及内涵

根据第2章的研究文献和基础理论，结合实证调研情况和研究的需要，本书对"灵性寄托"的概念进行了界定，即农村留守老人在晚年面临现实生活压力、未来发展困境等问题时，为获得人生的意义与价值、超越性体验和社会归属等，通过灵性层面的沟通交流，进而获得某种心理慰藉和依托感的行为体验。显然，"灵性寄托"与一般意义上的"心理支持"不同，灵性寄托更偏向于人生的意义、自我价值实现和自我认同等内容，是养老需求方面的高层次需求类型，而不是仅局限于心理满足的表面范畴。

根据灵性寄托的定义，本书将从三个指标来衡量劳动力流出地农村留守老人在灵性寄托层面的养老需求情况。具体维度及其指标设计的含义如表3.4所示。

表3.4 　　　　　　　　　　　　灵性寄托指标设计

维度	维度的具体含义	问卷选项	具体指标设计
人生意义与价值	健康对于人生意义的影响	健康状况（10B）	分别在0~11分范围内进行自我评估，分数越高代表老年人自评灵性寄托的需求越大，反之则越小
	财富带来的人生价值	经济状况（10A）	
	对收入的担忧是否影响生活质量	稳定的收入来源（11F）	
	对疾病的担忧	方便齐全的医疗设施（11E）	
	对老有所居的担忧	温暖舒适的居住条件（11C）	
社会归属感	与家人之间的关系是否和睦	家庭关系（10C）	
	家人是否陪伴左右	子女陪伴（11D）	
	担忧子女的生活	子女生活或教育（10D）	
	有属于自己的团体和社交	齐全的社区服务机构（11A）	
	社会是否承认自己并给予帮扶	优厚的优抚待遇（11B）	
超越性体验	坦然面对生命的终结	其他（11G）	
	有尊严的善终	其他（11G）	

　　需要指出的是，本书从三个维度来衡量劳动力流出地老年人灵性寄托水平，赋值范围均在0~11分内进行评估。分数越高代表灵性寄托的需求越大，同时表明灵性寄托层面的养老需求没有得到有效满足；反之，评估分数较低代表老年人的灵性寄托需求较小，同时表明老年人在灵性寄托层面的养老需求得到了较好满足。

3.5.2　灵性寄托养老需求现状

　　对调查数据统计后，可初步得出我国农村留守老人在灵性寄托方面的养老需求水平，本书也从"人生意义与价值""社会归属感""超越性体验"三个维度进行总结（见图3.4）。①

---

　　①　由于灵性寄托的衡量指标较多，无法通过一个表格进行总结，所以使用一级指标进行总结分析。

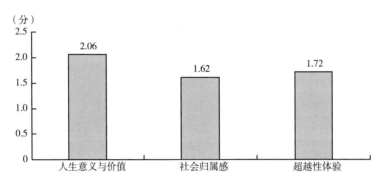

图3.4　劳动力流出地留守老年人灵性寄托养老需求分析

从图3.4可以看出，总体而言：

首先，农村留守老年人在灵性寄托养老需求方面的平均分值为1.8，数据处于相对较低的水平，表明灵性寄托层面的养老需求已经得到了较好满足。其主要原因可能在于：国家乡村治理力度的不断加大，农村地区的经济社会发展水平的不断提升，社会保险的覆盖范围和保障水平的不断扩大和提高，同时外出务工子女持续的财务支持，这些都有助于老年人对其未来生活充满较高的安全感和较好的稳定性。

其次，从指标看，人生意义与价值层面的灵性寄托需求没有得到满足的程度最高，达到2.06，而"社会归属感"和"超越性体验"的未满足程度则相对较低。其缘由主要在于：传统的农村社会属于典型的熟人社会，乡邻之间相互帮助、互相协助的概率较高，并且乡邻帮助、邻里互助的存在可以有效弥补来自外出务工子女关心和关爱缺失的问题；同时，受儒家文化影响，农村老人对于超越性体验，尤其对于"生死"问题，都有较为稳定的观点，如生死由命观。

最后，人生意义与价值层面指标的分值相对较高，其可能原因在于：农村留守老人的居住地医疗设施不健全以及自身收入不稳定，导致其对未来生活产生持续的焦虑和担忧，从而造成其需求缺口较大。

3.6 本章小结

本章主要针对农村留守老人的养老需求现状进行了概括性分析，勾勒出了留守老人养老需求的基本现状，为后续养老需求影响因素的实证分析奠定了坚实的基础。

从统计调查数据看，无论是从整体分析还是具体指标衡量来看，我国劳动力流出地农村留守老人的养老需求状况都不容乐观，在"生活照料需求""心理支持需求""社会交往需求"三个方面，都呈现出较大的需求缺口，若这一群体的养老需求缺口没有得到足够重视和及时的社会资源支持，势必会对留守老人的身心健康带来巨大伤害，不利于农村经济社会的和谐稳定发展。

通过前面章节的理论分析和本章的实证调查情况看，对劳动力流出地农村留守老人的养老需求的分析不但具有紧迫性，而且对于农村留守老人的养老需求影响因素进行深入剖析更具有现实性；与此同时，根据实证分析的结果，提出具有针对性的对策建议，是解决农村留守老人养老需求缺口的落脚点，更是提升政府治理能力、强化新农村建设、实现共同富裕的应然之意。因此，接下来的章节，将在剖析子女外出务工对农村留守老人养老需求的影响机理基础上，主要聚焦于农村留守老人养老需求影响因子的实证分析层面。

第 4 章

子女外出务工对农村留守老人
养老需求影响的机理分析

完善的影响机理分析不仅可以澄清要素间因果关系的传导机制，还可以赋予实证结果的现实意义，所以详尽而又完善的影响机理分析对于一个合格的实证研究必不可少（张俊富，2019）。基于此，在进行详细的实证研究前，本书首先从理论视角去把握子女外出务工对农村留守老人养老需求影响的机理，从而为后续实证分析奠定好理论基础。根据第 2 章的概念界定及相关理论研究综述，在借鉴基础理论尤其奥尔德弗的 ERG 理论基础上，本书将农村留守老人的养老需求按照"生活照料需求""心理支持需求""社会交往需求""灵性寄托需求"四个维度进行了划分。据此，子女外出务工对农村留守老人养老需求的影响机理分析也将从这四个维度进行展开。

4.1 子女外出务工对留守老人生活照料需求的
影响机理分析

根据安德森和纽曼（Andersen & Newman, 2005）的老年需求理论可知，受限于身体机能的下降，老年人单凭自身已经无法有效独立地完成养老生活，自然就会产生被照料的需求。需要指出的是，照料需求需要基于一定的照料资源，当然照料资源并非单一指向或诱发老年生活照料需求，它同时也会转化为对更高层次的生活照料需求。按照这一逻辑，张邦辉和李为（2018）从生活照料的主体视角看，认为农村留守老人的平时生活照料需求主要受到家人照顾、亲友照顾、邻里照顾和自我照顾的多方面影响。从老年人的自身特征看，有研究认为留守老人的生活照料需求，主要是受到个人的健康程度和自身受教育水平的影响（陶立群，2001；石人炳，2018）。从老年人的经济状况看，有研究指出农村留守老人生活照料需求的满足程度，主要受到个人的收入水平和居住水平的影响（叶敬忠、贺聪志，2009；连玉君等，2014）。从老年人的外部生活环境看，留守老人生活照料需求的满足，则主要源于社会性抚养机构的完善程度和社会整体经济发展水平的影响（Toshike，2017；陶立群，2001）。

根据上述逻辑，老人生活照料需求主要是受物质因素和服务因素两个维度的影响，而在众多老年人养老需求的影响因素中，子女因素是不能忽视的（Hung，2013）。具体来说，根据第 2 章的农村养老历史考察可以明显看出，受中国传统儒家思想的影响，在当前农村地区社会性养老服务体系不健全的背景下，子女自然成为老年人养老的主要承担者（连玉君等，2014）。与此同时，由于受传统农耕文明的影响，"养儿防老""养女防老"思想在民众的传统文化习俗中一直根深蒂固，并且我国法律也明确规定了子女有赡养老年父母的法律责任（庹国柱、王国军，2009）。显然，具体到子女外出务工对农村留守老人生活照料需求的影响机理分析，也理应从物质因素和服务因素这两个维度展开。

首先，生活照料物质层面。必要的物质资料和条件是留守老人想要满足基本生活照料需求的前提（叶敬忠等，2009），而要获得必要物质资料则必须依靠一定的经济基础。一般来说，农村老人的主要收入来源包括：一是政府的财政转移支付所得，如社会保障养老金（连玉君等，2014）、政府救助金（张邦辉、李为，2018）；二是劳动收入所得，主要是指农村老人参加劳动所获得的收入，包括劳动农产品售卖收益、正式工作所得等（Kemper & Muraugh，2006）；三是家人转移支付所得（王翠红，2018），主要是指子女、亲属等直接将个人收入转移支付给老年人。需要指出的是，子女的外出务工决策，并不会直接影响政府财政转移支付额度，但是会对农村老年人的劳动收入所得以及家人转移支付所得两个主要收入来源产生影响。主要原因在于：一方面，子女选择外出务工，会导致年迈父母承担更多的家庭事务（连玉君等，2014），而年迈父母则会相应减少劳动时间，那么劳动收入就会随着劳动时间的减少而下降，劳动收入的降低则可能会减少老年人生活照料资料的购买数量；另一方面，子女选择外出务工，可能会增加对老年人的转移支付额度，因为子女在外出务工决策前，会对留在当地务农与外出务工的收入进行对比，当外出务工收入超过留村务农时，子女自然会增加外出务工的概率（陈璐，2019）。因此，子女选择外出务工大概率会增加子女的收入水平，子女收入水平的增加大多会提高对父母的转移支付额度，那么父母的经济收入水平也会相应得到提高，父母用于购买养老的生活照料服务也会相应增加，进而留守父母的生活照料需求满足程度就会得到提升。

其次，生活照料服务层面。老年人生活照料满足最重要的基础是生活照料服务的供给，而生活照料服务供给的缺乏，自然会影响老年人养老生活照料需求的满足（陈璐，2019）。在农村地区，受限于生活照料服务外部供给不足问题，加上农村传统养老思想影响因素叠加，家庭子女总是年迈父母生活照料服务最为重要的供给方和照料主体（Hugo，2002），子女外出务工导致父母受到直接照料机会大幅度减少，这显然不利于农村老年人生活照料需求的满足。与此同时，随着城市服务业市场对女性劳动者需求量的增加（叶敬忠等，2009），女性外出务工的现象也呈现不断上升趋势，作为年迈父母高质量养老服务生活的照料者，女性外出趋势的上升导致了农村留守老年人生活照料需求状况的不断恶化。

根据前述分析，显然子女外出务工会对农村留守老人生活照料需求的影响存在正反两个方面的影响。一方面，子女外出务工可能会降低留守老人的自身劳动收入，但同时可以通过转移支付渠道提升老年人的非劳动收入。当然，这会导致留守父母对生活照料资料的购买产生正反两个维度的影响。另一方面，子女外出务工，会让家中留守父母失去最为重要的生活服务提供者，并且随着女性子女外出务工概率的增加，会显著增加留守父母生活照料需求的缺口。其具体影响路径如图4.1所示。

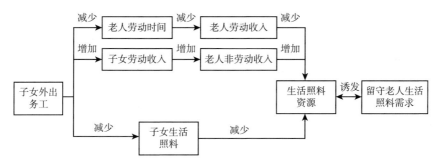

图4.1　子女外出务工对留守老人生活照料需求的影响路径

显然，根据理论分析的结果，并不能直接确认子女外出务工对农村留守老人生活照料需求层面的具体影响方向，因此本书提出一组"竞争性假设"。

假设H1a：相比非留守老人而言，子女外出务工会降低农村留守老人的生活照料需求水平。

假设H1b：相比非留守老人而言，子女外出务工会提升农村留守老人的生活照料需求水平。

4.2　子女外出务工对留守老人心理支持需求的影响机理分析

根据布鲁托和诺博亚（Brutto & Noboa，1987）的研究可知，老年人心理支持需求受多方面因素的共同影响，但家人的陪伴是最为关键的要素，影响也最为明显，这也是众多研究老人心理需求的起点和基础。与此同时，后续的大量研究也拓展了其研究成果，并采用不同国家的样本验证了该研究结论的普适性特征。总体而言，影响留守老人心理支持需求的因素大致有个体层面、经济层面和社会支持网络层面（张邦辉、李为，2018）。因此，本节对子女外出务工对农村留守老人心理支持需求的影响机理分析也从这三个维度展开，进而获得相应的研究假设。

首先，个体因素层面的影响。个体因素是影响老人心理支持需求最为关键的因素（张邦辉、李为，2018；陈璐，2019）。一般意义上，个体因素包括老年人的认知能力（Rajkumar et al，2009）和身体健康程度（Cong，2008）。那么子女外出务工通过作用个体因素影响留守老人心理支持需求的逻辑通路，也是从这两个维度展开的。（1）认知能力层面。子女外出务工导致其对父母陪伴的缺位，同时导致留守父母必须承担起大量的家务劳动、隔代照料和劳动生产等责任，事务性工作的增加让留守父母更加繁忙和劳累，而过度的劳务行为将会影响并降低留守老人的心理认知水平，这种影响不仅包括体力层面的影响，还包含心理层面的影响（Trydegard，1998；Rajkumar et al，2009）。相较于子女在身边的农村老人而言，留守老人用于心理稳定层面的时间会减少，因而认知水平下降速度也会增加（Rajkumar et al，2009），而自我认知能力及水平较低的留守老人，他们会时常产生焦虑、无助的情绪，并最终演化成抑郁症状。（2）身体健康程度。身体健康是心理健康的基础和前提（Cong，2008）。相对于非留守老人而言，一方面，留守老人无法从子女那里获得身体照料层面的支持，那么就缺少了子女这个重要生活照料来源。因此其身体健康平均程度也会比较低，发生疾病的概率也会上升，那么其心理健康程度就会比较低。另一方面，为了承担父母疾病的经济负担，子女只能将更多的时间和精力用在外出务工方面，外出务工时间就会大幅度延长，进而导致子女留在老人身边的时间大幅下降，并且双方沟通也只是停留在生活信息的沟通和交流上，心理方面的沟通和交流也会大幅度下降（Cong，2008）。显然，身体健康情况将直接影响农村留守父母的心理需求。

其次，经济因素层面的影响。大量的研究文献指出，家庭经济条件水平与留守老人心理支持需求直接相关（张邦辉、李为，2018；Cong，2008）。随着年龄的增长，农村留守老人的身体健康水平将会出现大幅下降趋势。而家庭经济条件较差的留守老人，一方面由于无法直接承担较高的治疗费用，留守老人自己只能"硬撑"疾病带来的痛苦，经济上的约束转化成为身体上的负担，进而演化成为精神层面的压力（李强，2015）；另一方面，留守老人依靠子女的转移支付来维持生产、生活费用，会加重子女方面的财务压力，子女为了缓解这一经济压力，只能选择增加外出务工时间，这样就无法增加子女与父母直接面对面的支持，包括农业活动、生活照料等（李俏，2016）。因此，上述两个方面对于家庭经济水平较低的留守老人而言，都会加重自身心理压力而导致心理支撑水平下降，从而不利于留守老人心理需求支持水平的提升。

最后，社会交往因素层面的影响。相关研究文献表明，社会支持网络是影响留守老人心理层面需求的核心要素（张邦辉、李为，2018）。在农村社会视域下，社会支持网络主要是指来自朋友、邻居的支持，这直接会对农村留守老人生活满意度产生正面积极作用（连玉君等，2014），来自邻居、朋友的社会支持会缓解子女外出带来的焦虑以及心理上的不适。并且社会交往的频率越高，生活满意度也越高，心理健康状况就会越好（张璟，2018）。需要指出的是，这种社会交往需求是建立在以留守老人有足够多的时间去进行社会交往的前提之上的，而事实上，留守老人在子女外出务工的同时，必须承担起子女家庭事务及农业生产事务等（Cong，2008），这部分事务主要包括隔代子女照顾（张川川，2017）、子女的土地维护与生产运转（王翠红，2018）、子女的家庭基本秩序维持（付小鹏等，2018）等。这些耗时性事务的增加，会大幅度降低留守父母进行社会交往的概率，那么留守老人从其他社会成员，如亲朋好友、邻里等，通过社会交往的形式去获得心理支持显然是无法实现的。

根据上述理论分析可知，子女选择外出务工，对留守父母心理支持需求的满足存在负面影响，因此可以得到如下假设。

假设 H2：子女外出务工会对于留守老人的心理支持需求的满足产生负面影响。

根据上述分析逻辑，子女外出务工持续时间的长短，可能会对留守老人心理支持需求的满足产生异质性影响。子女外出务工时间越长，留守父母承担的子女家庭事务越多，承接负担的农业生产任务越重，这会进一步压缩留守老人的社会交往活动时间，也会进一步加重留守老人的身体负担；同时，子女与父母生活在一起的时间也会被压缩，那么父母从子女那里获得生活照料概率、子女直接的心理支持概率就会被缩减。因此，子女外出务工时间越长，可能会造成留守老人心理支持需求的满足感越低。通过以上分析，本书提出以下理论假设。

假设 H3：在其他条件保持不变的情况下，子女外出务工的时间越长、外出务工地点越远，其行为对于留守父母的心理支持需求的满足感就会越低。

根据前述分析，可以得到，如图 4.2 所示的理论影响机理。

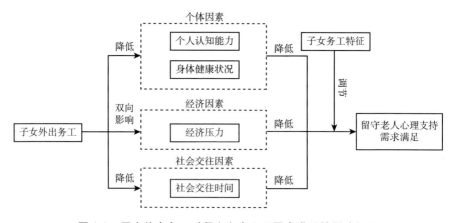

图 4.2　子女外出务工对留守老人心理需求满足的影响机理

4.3 子女外出务工对留守老人社会交往需求的
影响机理分析

理论分析是研究的基础和前提，也是探讨因素间因果关系的前提。已有研究文献表明，社会交往时间（许璐捃，2015；潘泽泉、林辞辞，2015）和社会交往范围、质量（Robert，2013）两个维度对个体社会交往需求的满足程度影响最为关键。基于此，本书也从这两个维度对子女外出务工对留守老人社会交往需求满足的影响机理进行研究。

首先，子女外出务工对农村留守老人社会交往时间的影响。潘泽泉和林辞辞（2015）研究认为，良好的社会交往需要充足的闲赋时间来维持。当进入老年阶段后，农村老年人的闲赋时间会大幅度增加（连玉君等，2014）；同时，由于农村地区的社会交往范围较小，老人对周边的社会环境非常熟悉，这对于农村留守老人维持一个较好的社会交往状态非常有利（Redfern，2002）。但需要指出的是，这一逻辑成立的前提，就是农村老年人不用承担隔代照料、农业生产和家庭维持等方面的责任，从而将充足的闲暇时间用于自己的社会交往，进而获得社会交往层面养老需求的满足（Wang et al，2020）；而事实上，受中国传统家庭组织观念的影响，当子女选择外出务工时，留守农村老人必须承担子辈家庭的维持活动（Cong，2008）。这种责任主要表现为：一是承担照顾和教育留守儿童的责任。由于城市严格的户籍管制制度，一些外出务工父母选择不携带子女到城市入学，为了保证子女教育活动的继续，留守老人必须承担起隔代照料和教育孙辈的责任（林毅夫等，2005）；而教育和照顾留守儿童的责任会大幅挤占留守老人的闲赋时间（张川川，2019），较少社会交往时间的投入自然会对参加和维持社会交往活动不利（许璐捃，2015）。二是需要承担更多的基本农业生产活动责任。农业生产活动是农村居民基本的生产活动行为，囿于目前较低的农业技术投入水平，我国农村地区的农业生产活动仍然是以人力投入为主（王翠红，2018）；子女外出务工遗留下的农业生产任务，就必须交给农村留守父母，那么对于留守老人而言，他们既需要维持自有的农业生产任务，也必须承担起子女外出务工遗留的维持基本农业生产活动行为的责任（彭大松，2021），显然，这不利于留守老人参加社会交往活动，同时也增加了留守老人的身体负担，并增加了农村留守老人身体患病的风险。三是需要承担更多家务劳动责任。随着年龄的增长，老人的身体机能水平迅速下降，缺少了子女生活的支持（Wang et al，2020），要维持同样的家庭生活质量，就需要老人投入更多的时间和精力来维持家庭正常运转（侯冰，2018）。这会进一步挤占留守老人的闲暇时间，无法抽出更多的时间来维持高质量的社会交往活动，显然这不利于留守老人社会交往活动质量的提升（潘泽泉、林辞辞，2015）。

因此，子女外出务工决策所遗留的子女照顾责任、农业生产维持责任以及家庭家务劳动责任都被留守老人承担，这些责任极大压缩了留守老人用于社会交往的时间，自然就无法维持较高质量的社会交往活动，因而子女外出务工决策会对社会支持方面的养老需求满足程度产生负面影响。

其次，子女外出务工对留守老人社会交往质量的影响。影响老年人社会交往质量主要体现在两个方面：一方面，子女是否深度参与父母的社会交往；另一方面，老人参加社会交往的丰富性（徐倩等，2018）。基于此，分析子女外出务工决策对农村留守老人的社会交往质量，也是从这两个维度进行展开的。一方面，子女选择外出务工，减少了留守老人高质量社会交往活动的来源，相应降低了留守老人的社会交往质量。与成年子女交往的质量是决定父母社会交往质量的基础，若无法维持高质量的社会交往活动输出，父母社会交往的质量就难以得到提升（张邦辉、李为，2018）；而子女外出务工直接切断了这一沟通渠道，虽然随着科学技术的进步，留守老人可以借助视频、电话方式与子女进行沟通交流，但是仍然无法达到面对面进行交流的效果（张邦辉、李为，2018）。另一方面，子女选择外出务，增加了社会交往的丰富性，进而提升了留守老人的社会交往质量。这一结论的逻辑前提有以下两点。一是子女外出务工增加了留守老人的收入水平，提升了其获得更多闲暇娱乐活动的机会。虽然子女外出务工给留守老人带来了照顾留守子女、承担基本农业和家庭劳动的责任，但是通过经济支持和转移支付方式，子女外出务工可以给留守父母带来更多收入，扩充了留守老人的收入来源（Smith，2005；Baldassar，2007）；随着净收入水平的提升，留守老人增加休闲娱乐等闲暇活动的范围大幅度扩大，这有助于扩大留守老人的社会交往范围，同时也提升了社会交往的质量（Wang et al，2020）。二是子女外出务工降低了子女对父母社会交往活动的限制。农村地区子女尤其是儿子更倾向与父母共同居住或者邻近居住，这种居住方式会导致父母的社会交往活动多集中于自己的亲属网范围（石人炳，2008），过度依赖亲人所提供的社会支持，无法扩张自己的社会交往网络，这显然不利于父母社会交往活动范围的扩大和社会交往质量的提升（Toshiko，2017）。当子女选择外出务工时，社会交往活动需求"推动"留守老人不断扩大自身的社交活动范围，这样有助于满足留守老人的社会交往需求，并不断扩大其社会交往网络，从而有利于提高农村留守老人的社会交往活动质量。

基于上述理论分析可以发现，子女的外出务工决策对于农村留守老人社交活动的影响存在正负两个方面的影响，如图4.3所示，但是总效应如何？还需要进一步分析。因此，提出以下研究假设。

假设H4：在其他因素固定条件下，子女外出务工对农村留守老人的社交生活存在正负两个维度的影响，总效应方向需要实证结果证实。

假设H5：在其他因素被控制的条件下，子女外出务工会通过增加照顾留守儿童、增加农业劳动和家务劳动的方式，显著降低留守老人的社交活动频率。

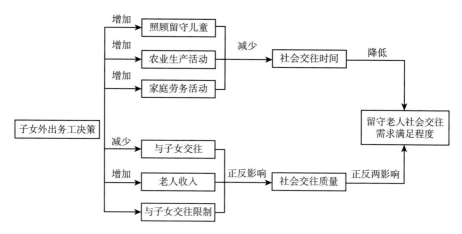

图4.3　子女外出务工对留守老人社会交往的影响机制

假设 H6：在其他因素固定的条件下，子女外出务工可以通过增加收入、扩大社会交往网络的形式，来提升留守老人的社交活动频率。

4.4　子女外出务工对留守老人灵性寄托需求的影响机理分析

理论分析是实证研究的基础，理论假设是理论分析结论的总结。因此，理论分析和研究假设对于实证研究必不可少（陈志光，2021）。本小节主要探讨子女外出务工对留守老人灵性寄托的影响。从理论上来讲，影响老人灵性寄托的因素主要有家庭内和家庭外两个维度，其中家庭内主要是子女的支持（心理层面和生活照料层面）和收入的约束，家庭外因素主要是老年人的外部交往活动（杨刚，2018）。基于此，本书对子女外出务工对于留守老人灵性寄托层面的影响机理分析也将从这两个维度展开。

（1）从家庭内部的维度看子女外出务工对留守老人灵性寄托的影响。

第一，子女选择外出务工，导致其无法满足留守父母灵性寄托需求。

在传统文化背景下，再加上农村地区社会化养老机制不够健全的影响，绝大多数老年人仍然保持"养儿防老""养女防老"的传统思想，成年子女也是老年人养老保障最重要的依靠和来源（孟沙沙等，2019），这就要求子女承担全方位的养老责任，不仅要提供养老物质资源，还要承担心理沟通和交流责任（邓大松，2009）。当子女外出务工后，虽然子女仍可以通过经济支持，如转移支付等方式，为留守父母提供物质层面的支撑，以满足其在物质层面的养老需求，但子女的外出离开就无法承担起与父母面对面沟通和灵性交流的责任（Wang et al，2020）。虽然父母可以通过与街邻交流来排解心理的空虚，但无法替代子女灵性慰藉的缺失（张邦辉、陈乙酉，2017）。并且随着子女外出务工时间的延长，留守父母从子女那里获得的心理慰藉机会也会越来越少。随着负面情绪的积压，留守父母就会产生"被遗弃的失落感"，其心理情感没有归属的感觉会越发严重（张邦辉、李为，2018），自然就会导致留守父母产生一种人生虚无感，就会消解社会活动的价值，从而表现出对任何事情都提不起兴趣，灵性寄托水平就会下降（张彩华，2018）。

第二，外出务工子女无法承担起照顾父母生活的责任，导致留守老人的养老信心下降。在农村社会保健服务还不健全的背景下，随着农村老人年龄的增加，器官老化速度会加快，身体机能也会开始下降，导致留守老人应付繁重的农业生产和家庭维持活动会感觉到越来越吃力（Meinow，2005）。一方面，越来越多的行动需要别人的帮助才能够完成，若缺乏必要的协助，老人的基本生活就无法完成；另一方面，老人患病概率增加，这时老人就需要转变自身角色，从之前照顾活动的提供者转为接收者。需要指出的是，目前农村地区的社会性照料机制不健全、人们思想比较传统，子女理应承担起父母生活照料和患病照料的责任，这也是父母对子女的期望，子女照料也相应增加了父母求生的愿望，也增加了其与疾病做斗争的信心（邓玉坚，2016）。但是，子女选择外出务工打破了这一循环。由于子女缺位，身体机能处于下降期内的父母，在最需要子女支持的条件下，由于无法得到成年子女的生活照料，留守父母对抗疾病和身体机能下降的信心就会下降（田玲，2014），加上独立生活时遇到的各种生活障碍和困难，导致留守父母维持生活的信心开始下降，并会大概率出现自责现象，认为"自己活着是多余的""自己是一个累赘"（张邦辉、李为，2018），这样不仅不利于身体机能和疾病的恢复，甚至还会出现轻生从而为子女"减少负担"的错误想法（王翠红，2018）。留守父母生活的意义会被自己的负面情绪所消解，负面情绪的长期存在显然不利于农村留守老人安度晚年养老生活。

第三，子女外出务工可以降低留守父母的收入流动性约束，有利于帮助留守老人形成积极的人生价值观。巴尔达萨雷（Baldassar，2007）研究发现，导致农村老人失去更高养老水平追求的一个重要原因就是收入约束。为获得更多的收入贴补家用，农村老人"退休后"只能继续从事有损自身身体健康的事务性劳动，且收入约束导致老人无法从事提升自己的生活水平（连玉君等，2014）。显然，宽松的流动性约束可以为老人实现人生价值和意义提供物质基础（Jenkins，2001）。从前文分析可知，子女外出务工决策，一方面可以增加子女收入，有助于提升子女自身的生活质量和水平；另一方面，子女也会将外出务工的一部分收入转移支付给留守老人（张邦辉、陈乙酉，2017）。这样留守老人的收入约束也会减轻，在其他因素不发生改变的情况下，老人就会减少经济收入型的劳动活动的时间安排（林毅夫等，2007），这也可以使老人摆脱繁重劳务活动，减轻身体压力（付小鹏等，2019），那么留守老人从事自我价值提升的概率也会增加，这样老人的人生意义就会逐渐明朗，从而会主动寻求个人价值实现，进而满足自我灵性寄托需求感。

（2）子女外出务工从家庭外部影响留守老人灵性寄托水平的满足。这部分影响主要是通过限制社会交往的方式展开，子女外出务工促使父母退出社会参与，父母从社会活动中获得社会支持的效率就会下降，留守父母的灵性寄托需求也就难以得到满足。从理论上看，进入老年阶段后，农村老年人的闲赋时间应当大幅度增加，加上乡村熟人社会的社会背景，老人对周边的社会和生活环境会非常熟悉（张邦辉、李为，2018），这些因素对农村老人维持一个较好的社会交往状态和氛围是非常有利的，因为丰富的社会交往活动可以为老人提供一条获得外部支持的途径，从而有助于提升老年人的生活满意度（Wang et al, 2020），同时较高的生活满意度可以显著提升老年人的自我认知水平，并认识到自我的人生价值，进而促进老人拥有一个相对积极乐观的人生价值观。但是，子女选择外出务工，会大幅度压缩留守老人家庭外部的社会交往时间，受中国传统家庭组织观念影响和户籍制度的制约，加上农村社会化的养老服务机构不健全和不完善，子女外出务工后所产生的抚养孙辈责任、农业生产责任、维持家庭运转责任等，都会由留守父母来予以承担（林毅夫等，2008）；显然，这些责任的承担会显著压缩留守老人的社会交往时间，导致其无法通过社会交往的方式来获得更高的生活满意水平（潘泽泉、林辞辞，2016），而低水平的社会生活满意度，可能导致留守老人丧失追求自身价值实现的信心和主动性，那么留守老人灵性寄托的满意度就会出现下降，灵性寄托层面的养老需求就无法得到满足。

根据以上的分析可知，子女的外出务工对于留守老人灵性寄托水平存在正负两个维度的影响，并且这一影响也会通过家庭内和家庭外两个渠道来实现。基于上述分析，本书提出以下假设。

假设 H7：在其他因素固定的条件下，子女外出务工对农村留守老人灵性寄托存在正负两个方面的影响，中介效应还需要实证结果证实。

假设 H8：在其他因素固定的条件下，子女外出务工主要是通过降低生活照料水平、心理支持水平、社会交往水平来降低对留守老人的灵性寄托需求的影响。

假设 H9：在其他因素固定的条件下，子女外出务工可以通过增加父母收入的渠道，来提升留守父母的灵性寄托水平。

总体来说，子女外出务工对父母灵性寄托的影响有正、负两个维度的影响渠道，将其总结后如图 4.4 所示，图中虚线代表负向影响，实线代表正向影响。

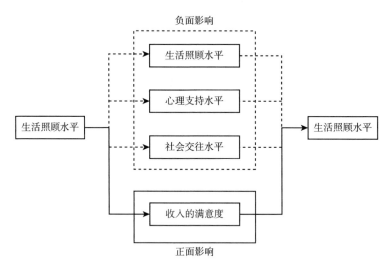

图 4.4 子女外出务工对农村留守老人灵性寄托水平的影响

4.5 本章小结

准确评估子女外出务工对留守老人养老需求的影响必须明确其内部影响机理。本章在借鉴相关文献资料及理论研究的基础上，使用严格的逻辑推理，从"生活照料需求满足""心理支持需求满足""社会交往需求满足""灵性寄托需求满足"四个紧密相连而又截然不同的维度，勾勒出了子女外出务工决策对留守老人养老需求影响的路径和方向。理论分析结果发现，子女外出务工对于留守老人不同层次的养老需求的影响都存在正、负两个方面，故提出本书的研究假设（见表 4.1）。在实际研究过程中，还需更加详尽和稳健的实证研究来确定影响的方向，以及相关的影响路径是否存在。与此同时，本章详尽的机理分析也为接下来的实证分析奠定了坚实的理论基础和研究方向。但需要指出的是，虽然本书尝试把农村留守老人的养老需求划分为四个维度来展开研究，但事实上这四类需求是相互影响的统一整体。

表 4.1   研究假设

维度	假设	内容
生活照料维度	H1a	相比非留守老人而言，子女外出务工会降低农村留守老人的生活照料需求水平
	H1b	相比非留守老人而言，子女外出务工会提升农村留守老人的生活照料需求水平
心理需求维度	H2	子女外出务工会对于留守老人的心理支持需求的满足产生负面影响
	H3	在其他条件保持不变的情况下，子女外出务工的时间越长、外出务工的地点越远，其行为对于留守父母的心理支持需求的满足感就会越低
社交需求维度	H4	在其他因素固定条件下，子女外出务工对农村留守老人的社交生活存在正负两个维度的影响，总效应方向需要实证结果证实
	H5	在其他因素被控制的条件下，子女外出务工会通过增加照顾留守儿童、增加农业劳动和家务劳动的方式，显著降低留守老人的社交活动频率
	H6	在其他因素固定的条件下，子女外出务工可以通过增加收入、扩大社会交往网络的形式，来提升留守老人的社交活动频率
灵性寄托维度	H7	在其他因素固定的条件下，子女外出务工对农村留守老人灵性寄托存在正负两个方面的影响，中介效应还需要实证结果证实
	H8	在其他因素固定的条件下，子女外出务工主要是通过降低生活照料水平、心理支持水平、社会交往水平来降低对留守老人的灵性寄托需求的影响
	H9	在其他因素固定的条件下，子女外出务工可以通过增加父母收入的渠道，来提升留守父母的灵性寄托水平

第 5 章

子女外出务工对农村留守老人生活
照料需求影响分析

通过第 3 章的统计数据分析可以看出，我国劳动力流出地农村留守老人的养老需求呈现出较大差异，且"生活照料需求""心理支持需求""社会交往需求"等需求缺口呈现出不断扩大趋势，但这些需求缺口是由哪些因素引发的？各因素的影响程度如何？影响的内在机理是什么？对于这些问题的深入剖析和准确回答，无论是未来对于留守老人养老保障制度及政策的安排，还是对于农村地区经济社会发展的稳定都至关重要。基于此，本章首先从子女外出务工对农村留守老人生活照料层面需求的影响情况进行深入探讨。

5.1　数据来源、关键变量选择及实证模型设定

5.1.1　数据来源

数据来源详见 3.1.1 节。

5.1.2　关键变量选择

结合本课题组 2017 年的劳动力流出地养老需求调查问卷中的相关问题，本章主要涉及两个主要核心因变量。一是老年人身体健康自评（*health*）。陶立群等（2001）研究发现，老年人健康水平是一个衡量老年人生活照料水平的关键指标，不仅可以衡量其社会发展状况，而且对于其疾病情况、家族遗传等都有一定反映。鉴于此，本书选择老年自评健康水平作为其生活照料需求水平。该指标来自问题"您的健康状况如何"，回答选项为"1 = 很健康；2 = 健康；3 = 一般；4 = 有慢性疾病；5 = 有严重疾病"，数字越大意味着其健康水平越低。二是老年人对子女物质和精神生活照料的关爱水平评价（*cares*）。回答选项为"1 = 很充足；2 = 还可以；3 = 一般；4 = 不够；5 = 非常缺乏"，数字越大满意度就越低。

此外，涉及的核心关键自变量是至少一个子女外出务工（*1children*）。若至少一个子女外出务工，则该值为 1；若没有子女在外务工，则该值为 0。

根据实证调查数据，可以得到各变量数据的描述性统计，具体见表 5.1。

表 5.1　　　　　　　　　**各变量数据概览**

项目	变量表述	变量	平均值	标准差	选项
生活照料	老人健康自评	*health*	2.319	0.801	1 = 很健康，2 = 健康，3 = 一般，4 = 有慢性疾病，5 = 有严重疾病
	对子女照料满意度	*cares*	2.484	0.912	1 = 很充足，2 = 还可以，3 = 一般，4 = 不够，5 = 非常缺乏
个人特征	年龄	*age*	68.363	10.857	年龄数字
	性别	*sex*	1.449	0.498	1 = 男，2 = 女

续表

项目	变量表述	变量	平均值	标准差	选项
个人特征	婚姻状况	mar	2.506	0.962	1 = 已婚，2 = 未婚，3 = 离异，4 = 丧偶
	教育状况	edu	1.398	0.729	1 = 小学及以下，2 = 初中，3 = 高中或中专，4 = 大专，5 = 本科及以上
	职业情况	pro	2.014	1.243	1 = 务农或非务农，2 = 只做家务，3 = 什么也不做
子女相关	孩子个数	$children$	2.799	1.545	孩子个数
	至少一个子女外出务工	$1children$	1.744	0.464	1 = 是，0 = 否
	子女外出地点	$distance$	2.076	0.830	1 = 本县，2 = 本省，3 = 外省
	子女外出务工时长	$outtime$	2.200	1.040	1 = 常年，2 = 一年中大部分时间，3 = 一年中一半时间，4 = 半年以下
	和子女相处的关系	$ccontr$	3.480	1.647	1 = 矛盾很大，2 = 有一些矛盾，3 = 平平淡淡，4 = 还可以，5 = 很愉悦
	居住方式	$lsty1$	0.222	0.445	1 = 是，0 = 否（独居）
		$lsty2$	0.570	0.499	1 = 是，0 = 否（和配偶）
		$lsty3$	0.180	0.443	1 = 是，0 = 否（和子女）
		$lsty4$	0.159	0.384	1 = 是，0 = 否（和孙辈）
经济	生活费用满意度	lcs	2.811	1.065	1 = 很充足有多余，2 = 够用，3 = 勉强够用，4 = 不够用，5 = 很缺乏

续表

项目	变量表述	变量	平均值	标准差	选项
经济	居住满意度	*lcons*	2.126	0.626	1 = 很满意，2 = 满意，3 = 不满意，4 = 很不满意
	生活费用	*exp*	3.514	1.601	1 = 小于50元，2 = 51 ~ 100元，3 = 101 ~ 200元，4 = 201 ~ 300元，5 = 301 ~ 500元，6 = 500元以上
	居住条件	*lc*	2.941	0.880	1 = 土砖房、漏风雨，2 = 土砖房，3 = 砖瓦平房，4 = 楼房，5 = 其他
社区	是否有老年活动中心	*acenter*	1.530	0.509	1 = 有，2 = 没有
	和街坊邻居关系	*neighbor*	2.050	0.761	1 = 非常融洽，2 = 比较融洽，3 = 一般，4 = 不是很好，5 = 偶有矛盾，6 = 矛盾大
养老制度	养老保险	*rcms*	1.076	0.272	1 = 有，2 = 没有
	农村合作医疗	*insur*	1.176	0.396	1 = 有，2 = 没有

5.1.3 实证模型的设定

为检验留守老人对养老需求的影响，我们设定以下基准回归方程：

$$Health_{i,j}(cares) = \alpha 1 children_{i,j} + \beta X_{i,j} + \varepsilon_{i,j} \qquad (5.1)$$

式（5.1）其中下标 i 和 j 表示 j 省份中的个人 i。因变量为老人自评健康水平以及对来自子女生活照料的满意程度，关键自变量为老人的子女中是否存在外出务工现象。虽然有序 Probit 模型是最优的估计方法，但已有研究表明，OLS 模型与有序 Probit 模型在参数估计的方向和显著性上都是一致的；且 OLS 的估计结果更具有直观的解释能力，可以与有序 Probit

模型的估计相互印证。包括 $health$ 和 $lsat$ 两个，$1children$ 是"是否至少有一个子女外出务工"的虚拟变量，性别、年龄、婚姻状况等一系列控制变量则为 x_i。

由于可能存在显著的内生性问题影响，本章使用了基于工具变量 2SLS 的实证方法来定量研究子女外出务工对老年养老需求的影响，选取的工具变量为当地县域视角下整体外出劳动力比率（z_c）。具体模型设定分为两步：

首先，将子女是否外出务工决策（$1children$）对整体外出劳动力比率（z_c）进行 OLS 回归，从而剥离出 $1children$ 的外生部分：

$$1children_{i,j} = \gamma + \delta Z_c + \beta X_{i,j} + u_i \tag{5.2}$$

此回归为第一阶段回归（frist stage regression），根据工具变量的相关性可知，若工具变量是有效的，那么 $\delta \neq 0$，则记此回归的拟合值（fitted value）为：

$$\widehat{1children}_{i,j} = \hat{\gamma} + \delta \hat{Z}_c \tag{5.3}$$

既然第一阶段回归的拟合值 $\widehat{1children}_{i,j}$ 外生，因此只需要将 $\widehat{1children}_{i,j}$ 替代式（5.2）中的内生变量 $1children_{i,j}$，即可使用 OLS 方法得到一致性估计。

$$Health_{i,j}(cares) = \overline{\alpha 1children}_{i,j} + \beta X_{i,j} + (\varepsilon_{i,j} + \varphi \hat{u}_i) \tag{5.4}$$

式（5.4）为第二阶段回归（second stage regression）。

5.2　实证结果与分析

5.2.1　基准回归结果分析

本节基于劳动力流出地较多的 10 个省份，将问卷调查数据和当年相应的经济社会发展数据相结合，运用有序变量 Probit 分析留守老人生活照料的各影响因素，其中描述性分析和实证分析都建立在国内学者常采用的健康自评和满意度这类综合性评价上，在进一步研究中，可以使用 ADL 日常生活自理能力，来更深入和细致地研究此话题，表 5.2 给出了相应的实证研究结果。

表 5.2　　　　　　　　　留守老人生活照料影响因素实证结果

项目	模型 1	模型 2	模型 3	模型 4
	health	*health*	*cares*	*cares*
1*children*	0.0450 *	0.0468 *	0.0435 ***	0.0442 ***
	(1.99)	(1.99)	(4.35)	(4.95)
sex	− 0.231 ***	− 0.161 **	0.0491	0.0669
	(− 3.15)	(− 2.31)	(0.69)	(0.95)
mar	0.173 **	0.150 ***	0.0792	0.0672
	(2.97)	(3.69)	(1.38)	(1.53)
edu	− 0.0801	− 0.110 *	− 0.0576	− 0.0688
	(− 1.37)	(− 2.04)	(− 1.00)	(− 1.27)
pro	0.0732 **	0.0694 **	− 0.0642 *	− 0.0848 **
	(2.03)	(2.15)	(− 1.81)	(− 2.53)
children	0.0517 *		0.0199	
	(1.79)		(0.70)	
age	0.00857 *	0.0146 ***	0.000204	0.00023
	(1.81)	(3.62)	(0.04)	(0.06)
distance	0.0339		0.228 ***	0.256 ***
	(0.62)		(4.20)	(4.95)
outtime	0.0173		− 0.175 ***	− 0.175 ***
	(0.46)		(− 4.63)	(− 4.77)

续表

项目	模型 1	模型 2	模型 3	模型 4
	health	*health*	*cares*	*cares*
ccontr	−0.00178 (−0.08)		−0.0665*** (−3.04)	−0.0706*** (−3.33)
*lsty*1	0.0687 (0.71)		−0.0246 (−0.26)	
*lsty*2	−0.0194 (−0.18)		0.0328 (0.31)	
*lsty*3	0.0722 (0.79)		−0.0306 (−0.34)	
*lsty*4	0.155 (1.66)		−0.214* (−2.34)	−0.238** (−2.68)
lcs	0.168*** (4.59)	0.161*** (4.59)	0.0839* (2.35)	0.104** (3.11)
lcons	0.166* (2.57)	0.181** (2.95)	0.0855 (1.34)	
exp	−0.0395 (−1.54)		−0.0121 (−0.48)	
lc	−0.120** (−2.63)	−0.117** (−2.83)	−0.0730 (−1.63)	
acenter	0.129 (1.69)		0.103 (1.37)	
neighbor	0.256*** (5.10)	0.273*** (5.76)	0.324*** (6.56)	0.358*** (7.51)

续表

项目	模型 1	模型 2	模型 3	模型 4
	health	*health*	*cares*	*cares*
rcms	−0.142 (−1.00)		−0.188 (−1.35)	
insur	0.0324 (0.31)		0.118 (1.14)	
R^2	0.0858	0.0870	0.0925	0.0861
LR	195.14	220.25	233.79	220.46

注：括号内为稳健标准误下的 T 值，***、** 和 * 分别表示在 1%、5% 和 10% 水平上显著。

表 5.2 中，模型 1 和模型 3 包含了上述所有的 22 个变量，为便于精确分析各变量的边际效应，在初步回归后保留个人特征变量及其他部分回归显著的变量进行新的回归，即模型 2 和模型 4，将这两个模型的回归结果与模型 1 和模型 3 进行对比分析。需要指出的是，每个变量组对老人健康评价和老人对子女提供的生活照料评价的影响作用存在较大差异，而在以往研究中，学者使用这两个变量得出的结论往往相同；同时，虽然这两个因变量都可以用来衡量农村老年人的生活照料，但其作用机制和效应存在明显差别。

根据表 5.2 可以发现，无论采用哪一个变量来度量老年人生活照料需求，都呈现出与理论分析相一致的结果，即子女是否外出务工变量（1*children*）前的系数都出现至少 5% 水平显著性，并且影响方向为负，这说明子女外出务工会显著降低老年父母生活照料的满意度，进而会提高父母养老需求的水平，这与第 4 章的生活照料影响机理分析相一致，也就验证了假设 H1b，则正向假设 H1a 不能成立；与此同时，子女数量（*children*）与老年父母生活照料需求之间并未呈现出显著的相关关系，表现为变量并未通过至少 10% 水平上的显著性检验，造成这一结果可能的原因是，子女数量越多并不一定会给父母提供越多的养老保障，因为子女间因赡养父母、满足父母养老需求等方面，会产生相互推诿扯皮的现象，这反而不利于老年人养老服务需求的有效供给。

此外，从表5.2有关留守老人生活照料影响因素的实证结果还可以看出：

首先，自身特征对农村留守老人生活照料需求的影响。年龄变量（age）、独居方式（lsty4）的结果分别在模型1和模型2中、模型3和模型4呈现出至少5%水平以上显著性程度，这说明在其他条件相同的条件下，对于随着年龄增长以及独居比例上升的农村留守老人，他们对于生活照料的需求会更高。一般规律而言，年龄越小的老年人其身体越健康，身体机能越好，生活自理能力就会越强，因而，子女无论是否外出，农村留守老人的生活照料需求都相对较低。相较于合住老人而言，独居老人则会显著提升其生活照料的需求，这也符合前文的理论分析结果，因为独居老人生活照料需求只能依靠自己解决，无法获得来自配偶的生活支持。需要指出的是，农村留守老人的受教育程度（edu），与生活照料需求没有显著相关关系，其中可能的原因在于农村老年人的受教育程度普遍偏低，均值仅为小学水平，同时在农村地区，教育带给研究对象收入水平的提升十分有限，因此通过教育来实现收入水平提升，进而不断满足农村留守老人生活照料需求的满足，显然无法得到证实和体现。

其次，经济支持变量的影响因素。从表5.2可以看出，在其他条件保持不变的条件下，子女外出务工会给留守父母带来更多的经济收入，同时居住条件越好的农村留守老人，其对于生活的满意度会越高，即，较好的经济条件有利于留守老人生活照料需求的满足感。具体来说：第一，生活费用的满意度（lcs）水平与生活照料满意度之间呈现显著的正向关系，这表明经济收入的提高会显著提升留守老人的生活满足感，正如理论分析所揭示的，生活费用越多意味着较高的养老保障水平，养老需求的满足感自然就会得到提高和增加；第二，居住水平（lc）也显著提升了老年人生活照料需求的满足感，相对于居住条件较差的留守老人而言，拥有较为优越居住条件的留守老人，他们会更愿意将经济收入用于自身生活水平的提升和生活质量的改善方面。

最后，农村社区基础设施的影响因素分析。表5.2中的数据显示，邻里关系（neighbor）对老年人生活照料需求呈正相关关系，且至少通过了1%水平上的显著性检验，这说明和谐、紧密的邻里关系有助于留守老人获得来自邻里的照料支持。同时，需要指出的是，社区养老服务设施（acenter）未呈现显著正相关关系，造成这一结果的可能原因在于，代理变量选择可能有所偏差，因为本书选取生活所在地是否存在老年活动中心为指标，而事实上农村地区老年活动中心的功能定位并非是用来进行养老照料支持，而大多仅作为一个娱乐性场所；在实证调查中也发现，农村地区的绝大部分村镇老年服务中心，常因各种原因不对外开放，成为摆设。

5.2.2 边际效应分析

为了更加细致展现各因素对农村留守老人生活照料需求满意度的影响，并使组间的数据可进行比较，本书在前期实证研究结果的基础上，计算了各个解释变量对被解释变量所带来的边际效应，具体结果如表5.3和表5.4所示。限于篇幅问题，本书仅罗列出了重点指标的边际效应结果。

表5.3　　　　　　　　　留守老人健康状况各变量边际效应

老人健康状况	age^{***}	sex^{*}	$1children^{***}$	edu^{*}	pro^{*}
很健康	− 0.0000	0.0002	0.0002	0.0002	− 0.0001
一般	− 0.0029	0.0319	0.0215	0.0218	− 0.0138
有慢性疾病	− 0.0027	− 0.0300	0.0276	0.0203	− 0.0128
有严重疾病	0.0042	− 0.0459	0.0043	− 0.0313	0.0197

续表

老人健康状况	lcs ***	lcons **	lc **	neighbor ***	
很健康	− 0.0002	− 0.0002	0.0002	− 0.00036	
一般	− 0.0320	− 0.0359	0.0231	− 0.0540	
有慢性疾病	− 0.0298	− 0.0335	0.0217	− 0.0504	
有严重疾病	0.0459	0.0515	− 0.0333	0.0775	

注：*** 、** 和 * 分别表示在 1% 、5% 和 10% 水平上显著。

表 5.4 留守老人对子女照料满意度各变量边际效应

生活照料满意度	age	sex	mar	edu	pro *	1children ***
很充足	0.0000	− 0.0012	− 0.0012	0.0013	0.0015	0.0081
还可以	0.0000	− 0.0080	− 0.0080	0.0082	0.0101	0.0526
一般	− 0.0001	− 0.0173	− 0.0174	0.0178	0.0220	0.1146
不够	0.0001	0.0150	0.0151	− 0.0154	− 0.0190	0.0992
非常缺乏	0.0000	0.0100	0.0100	− 0.0103	− 0.0126	0.0659

生活照料满意度	distanse ***	outtime ***	ccontr ***	lsty4 **	lcs ***	neighbor ***
很充足	− 0.0047	0.0032	0.0013	0.0043	− 0.0019	− 0.0065
还可以	− 0.0305	0.0208	0.0084	0.0283	− 0.0124	− 0.0426
一般	− 0.0664	0.0453	0.0183	0.0618	− 0.0269	− 0.0929
不够	0.0575	− 0.0393	− 0.0158	− 0.0535	0.0233	0.0804
非常缺乏	0.0382	− 0.0261	− 0.0105	− 0.0355	0.0155	0.0534

注：*** 、** 和 * 分别表示在 1% 、5% 和 10% 水平上显著。

根据表 5.3 和表 5.4 可知：（1）从留守老人的老年健康水平关键指标看，子女外出务工（1children）对留守老人患慢性疾病和严重疾病影响的概率，分别最大可达到 0.0276 和 0.0043，说明子女外出务工的概率每上升 1 个单位，留守父母患慢性疾病概率就会上涨近 3%，留守老人患严重疾病的概率会上升超过 0.4%。这进一步验证了研究假设问题，即子女外出务工确实会对老年人生活照料需求产生负面影响，进而不利于老年人的身体健康。（2）针对留守老人的老年生活照料需求满意度（*cares*）指标，从表 5.4 可以看出，子女外出务工显然会降低老年人的生活满意度，从统计数据看，子女外出务工每上升 1 个单位，则留守父母生活照料满意度不够、生活照料满意度非常缺乏的概率就会分别上升 9.92% 和 6.59%，且随着外出务工年限（*outtime*）每增加 1 年，留守老人的生活照料满意度不够和非常缺乏的概率就会分别下降 3.93% 和 2.61%。

5.2.3　异质性分析

从以上实证分析结果可知，子女外出务工确实会对留守老人生活照料需求产生显著的负面影响。但子女外出务工特征究竟会对父母生活照料需求产生何种影响？本节将分别选择子女外出务工时间和外出务工地点来检验外出务工对农村留守老人生活照料需求的异质性影响。

1. 外出务工时间

根据实地调研并结合问卷设计的问题，将子女外出务工样本根据子女外出务工时长（*outtime*）分为外出务工时间较长组（常年务工和一年中大部分时间务工）和外出务工时间较短组（一年中一半时间、半年以下），分别进行 Probit 回归分析，被解释变量分别为生活照料满意度（*cares*）及留守老人自评健康程度（*health*）。具体结果如表 5.5 所示。

表 5.5 子女外出务工时间对父母生活照料的异质性影响

项目	外出务工时间较长组	外出务工时间较短组	外出务工时间较长组	外出务工时间较短组
	health	*health*	*cares*	*cares*
1*children*	0.0476 **	0.0431 *	0.0512 ***	0.0429 **
	(2.31)	(1.86)	(3.01)	(2.19)
个人特征	控制	控制	控制	控制
子女相关	控制	控制	控制	控制
经济特征	控制	控制	控制	控制
社区特征	控制	控制	控制	控制
养老制度	控制	控制	控制	控制
R^2	0.0918	0.0832	0.1013	0.0842
LR	234.08	218.07	226.35	215.19

注：括号内为稳健标准误下的 T 值，*** 、** 和 * 分别表示在 1%、5% 和 10% 水平上显著。

由表 5.5 可知，相较于外出务工时间较短组，在外出务工时间较长组中，无论是老人自评健康（*health*）还是生活照料满意度指标（*cares*）都出现了子女外出务工决策（1*children*）对留守老人生活照料需求满意产生更大负面影响，表现为实证结果系数更大。说明子女外出务工时间越长，对于父母生活照料需求的满足程度就越低，这进一步证实了理论分析的结论，即：子女外出务工时间越长，与父母分离时间越久，那么父母从子女方面所获得的生活照料服务就会越少，在其他条件固定的情况下，父母的生活照料需求就很难得到满足。

2. 外出务工地点

根据实地调研并结合问卷设计的问题，将子女外出务工样本根据子女外出务工地点（*distance*）选项分为长距离务工组（外省）和短距离务工组（本县或者省），然后以子女未外出务工家庭为对照组，分组进行

Probit 回归分析，被解释变量仍为老年人生活照料满意度（*cares*）及留守老人自评健康程度（*health*）。具体实证结果如表 5.6 所示。

表 5.6　　　　　子女外出务工地点对父母生活照料的异质性影响

项目	务工长距离组	务工短距离短组	务工长距离组	务工短距离短组
	health	*health*	*cares*	*cares*
1*children*	0.0511 ** （2.31）	0.0412 * （1.86）	0.0522 *** （4.29）	0.0429 ** （2.26）
个人特征	控制	控制	控制	控制
子女相关	控制	控制	控制	控制
经济特征	控制	控制	控制	控制
社区特征	控制	控制	控制	控制
养老制度	控制	控制	控制	控制
R^2	0.1012	0.0816	0.0967	0.0819
LR	241.07	209.12	221.44	209.85

注：括号内为稳健标准误下的 T 值，*** 、** 和 * 分别表示在1% 、5%和10%水平上显著。

由表 5.6 可知，相较于短距离组，在长距离外出务工组中，无论是以老人自评健康（*health*）还是选择生活照料满意度指标（*cares*）为被解释变量，子女长距离外出务工，会对留守老人的生活照料需求产生更大的负面影响，并表现为父母的生活满意度下降和对身体自评健康水平下降，且呈现出更加显著性特征。这也进一步验证了理论分析的结果，即：子女外出务工距离越远，父母从子女处所获得的生活照料服务机会就会越少，在其他条件固定的情况下，父母的生活照料需求就难以得到满足。因此，对于农村留守父母而言，子女选择外出长距离务工，会对父母生活照料满意度产生负面影响。

5.3 稳健性检验

根据前面的分析可知，内生性问题的存在可能会对研究结论的稳健性产生冲击，即子女外出务工决策，可能与留守父母身体健康及满意度产生相互因果关系。其主要缘由在于，子女因父母身体较差而决定外出务工挣钱；或者因父母的生活照料需求高，需要更多的经济支出，在父母自身收入有限的条件下，只能促使子女选择外出务工挣钱。

为进一步控制内生性问题，采用的策略是寻找外出务工决策的工具变量，然后采用两阶段最小二乘法（2SLS）对方程进行估计。需要强调的是，选择工具变量的关键在于满足：一是所选择的工具变量要与技术选择系数高度相关；二是所选择的工具变量要与误差项 $\varepsilon_{i,t}$ 无关。基于此，本书借鉴肖璐等（2018）的做法，选择调查对象所在县城外出务工比率，来作为个人外出务工决策的工具变量，然后采用 2SLS 对方程式（5.6）重新进行估计。具体结果如表5.7所示。

表 5.7　　　　　　　　　　全样本 2SLS 估计结果

解释变量	被解释变量			
	（1） *health*	（2） *cares*	（3） *health*（2SLS）	（4） *cares*（2SLS）
1*children*	0.0450 * （0.0226）	0.0435 *** （0.0098）	0.0531 * （0.0261）	0.0482 *** （0.0111）
个人特征	控制	控制	控制	控制
子女相关	控制	控制	控制	控制
经济特征	控制	控制	控制	控制
社区特征	控制	控制	控制	控制

续表

解释变量	被解释变量			
	(1) *health*	(2) *cares*	(3) *health*（2SLS）	(4) *cares*（2SLS）
养老制度	控制	控制	控制	控制
LM 统计量			31.4092 （0.0000）	36.775 （0.0000）
Cragg-Donald Wald F 统计量			97.176 （9.18）	92.888 （9.01）
Sargan 检验			0.568 （0.4510）	0.812 （0.3674）
R²	0.0858	0.0858	0.1186	0.1092

注：括号内为稳健标准误下的 T 值，＊＊＊和＊分别表示在 1% 和 10% 水平上显著。

对比表 5.7 中列（3）和列（4）的估计结果。① 首先，LM 统计量在 1% 的水平上拒绝了工具变量是弱识别的原假设；Cragg-Donald Wald F 统计量也大于 Stock-Yogo 检验 10% 水平上的临界值，拒绝工具变量是弱识别的假定。另外，Sargan 检验不能拒绝工具变量有效的零假设（p 值大于 0.1），说明工具变量是外生的，经过这样的处理可以进一步降低其他解释变量可能存在的内生性问题所造成的估计偏差；同时说明两阶段回归分析结果是稳健的。

与没有考虑内生问题的实证结果相比较，当以父母自评健康（*health*）为被解释变量时，子女外出务工决策（1*children*）前的系数从 0.0450 改变为 0.0531；当以父母生活照料满意度（*cares*）为被解释变量时，子女外出务工决策（1*children*）前的系数从 0.0435 改变为 0.0482；并且关键系数前符号并未出现改变。这也进一步证实了以上研究结论的可靠性。

① 由于篇幅限制，本书省略了第一阶段的回归结果。

5.4 本章小结

本章使用了笔者所在课题组 2017 年劳动力流出地养老需求调查的实地调研数据，运用 Probit 模型以及 2SLS 方法，定量研究了子女外出务工对农村留守父母生活照料需求的影响。研究结果发现，子女外出务工会提升留守父母生活照料的需求程度，但子女选择外出务工又会造成子女无法在身边有效照顾父母的问题，即会让农村留守老人的养老需求存在明显缺口，并且这种影响具有明显的异质性特征。

首先，子女外出务工时间越长，留守父母的生活照料需求缺口就会越大和越明显。外出务工时间越长，与父母分离的时间就会越久，那么父母从子女方面所获得的生活照料服务就会越少，在其他条件保持不变的条件下，父母的生活照料需求就难以得到满足。

其次，子女外出务工距离越远，父母生活照料的需求缺口就会越大。子女外出务工的距离越远，父母从子女方面所获得的生活照料服务机会就会越少，在其他条件固定的情况下，父母的生活照料需求就难以得到满足。因此，对于农村留守老人而言，子女选择长距离务工，会对留守父母的生活照料满意度产生明显的负面影响。

显然，子女为追求更好生活条件和获得更多上升机会的背景下，如何填补因子女外出务工所造成的留守老人生活照料需求缺口问题，理应成为劳动力流出地各级政府养老保障工作的重点。

第6章

子女外出务工对农村留守老人心理
支持需求影响分析

  大量农村剩余劳动力的外出劳动是社会经济发展到一定阶段必然出现的社会现象（蔡昉，2019）。城市能给年轻的农业转移人口带来更多的收入、更多的就业机会、更高质量的生活条件，但由于户籍制度管制、高昂生活费用限制等，农业转移人口的父母不便与子女一起到城市生活，老年父母只能留守在农村，随着年龄的增长，留守老人养老保障的需求问题就会变得越来越突出，如何满足这部分群体的养老保障需求，就自然成为劳动力流出地政府亟须解决的关键问题。在实证调查中发现，目前政府针对留守老人养老保障支持更多集中在物质层面的支持和帮助，在精神层面的支持措施却非常少，在物质资料越来越丰富的经济社会发展背景下，心理健康支持是农村老人高质量生存的基础，对于我国劳动力流出地政府，由于子女外出务工，政府理应更加关注农村留守老人的心理健康。需要指出的是，要妥善应对这一问题的前置条件，就是需要准确把握影响留守老人心理支持层面养老需求的因素，及其影响方向和机理。基于此，本章借助实证调查数据，从四个维度对留守老人心理支持层面养老需求的影响因素进行逐一分析，从而为农村留守老人养老保障制度及政策的完善给予建设性的政策建议。

6.1 数据来源、关键变量选择及实证模型设定

6.1.1 数据来源

数据来源详见 3.1.1 节。

6.1.2 关键变量选择

1. 因变量

根据前述理论分析的结论，结合实地调查问卷的问题，本章使用是否感觉孤独作为老人心理支持需求替代变量。罗伊等（Roy et al., 2009）的研究也发现，孤独感的水平是一项反映留守老人心理需求层面水平非常重要和合适的目标。该问题为：老人自身对孤独感或者抑郁感的自我评价（$psycho$），设置的选项为"1 = 从不会感到；2 = 偶尔感到；3 = 经常感到；4 = 总是感到"，数字越高则意味着心理支持层面需求满足程度越低。

2. 自变量

根据理论分析框架，自变量选择也从四个维度来确定。分别是：

（1）老年人的个人特征：包括调查对象年龄（age）、性别（sex）、婚姻状况（mar）、教育水平（edu）、职业类型（pro）和自评身体健康水平（$health$）六个维度信息。

（2）经济因素：包括生活费用的满意度（lcs）、居住满意度（$lcons$）、生活费用水平（exp）、居住条件（lc）。

（3）社会支持：包括居住地是否有老年活动中心（$acenter$）、街坊邻里关系（$neighbor$）。

（4）留守方式：包括子女是否在身边居住（1*children*）、孩子个数（*children*）、子女外出务工的地点（*distance*）、子女外出务工时间时长（*outtime*）、与子女相处的关系（*ccontr*）、对子女照料满意度（*cares*），以及老年人居住方式（*lsty*1～*lsty*4）。其中四种居住方式分别为：是否独居、是否与配偶居住、是否与子女居住以及是否与孙辈居住。

将调查数据进行整理后可得如表6.1所示的初步分析结果。

表6.1　　　　　　　　　　　　　数据初步分析

项目	变量表述	变量	平均值	标准差	代表
心理	老人孤独、抑郁感	*psycho*	1.943	0.724	1＝从不感到，2＝偶尔感到，3＝经常感到，4＝总是感到
个人特征	年龄	*age*	68.363	10.857	年龄数字
	性别	*sex*	1.449	0.498	1＝男，2＝女
	婚姻状况	*mar*	2.506	0.962	1＝已婚，2＝未婚，3＝离异，4＝丧偶
	教育状况	*edu*	1.398	0.729	1＝小学及以下，2＝初中，3＝高中或中专，4＝大专，5＝本科及以上
	职业情况	*pro*	2.014	1.243	1＝务农，2＝非务农，3＝只做家务，4＝什么也不做
	自评身体健康水平	*health*	2.319	0.801	1＝很健康，2＝一般，3＝有慢性疾病，4＝有严重疾病
留守方式	孩子个数	*children*	1.799	1.545	孩子个数
	至少一个子女外出务工	1*children*	1.744	0.464	1＝是，0＝否
	子女外出地点	*distance*	2.076	0.830	1＝本县，2＝本省，3＝外省
	子女外出务工时长	*outtime*	2.200	1.040	1＝常年，2＝一年中大部分时间，3＝一年中一半时间，4＝半年以下

续表

项目	变量表述	变量	平均值	标准差	代表
留守方式	和子女相处的关系	cecontr	3.480	1.647	1 = 矛盾很大，2 = 有一些矛盾，3 = 平平淡淡，4 = 还可以，5 = 很愉悦
	对子女照料满意度	cares	2.484	0.912	1 = 很充足，2 = 还可以，3 = 一般，4 = 不够，5 = 非常缺乏
	居住方式	lsty1	0.222	0.445	1 = 是，0 = 否（独居）
		lsty2	0.570	0.499	1 = 是，0 = 否（和配偶）
		lsty3	0.180	0.443	1 = 是，0 = 否（和子女）
		lsty4	0.159	0.384	1 = 是，0 = 否（和孙辈）
经济因素	生活费用满意度	lcs	2.811	1.065	1 = 很充足有多余，2 = 够用，3 = 勉强够用，4 = 不够用，5 = 很缺乏
	居住满意度	lcons	2.126	0.626	1 = 很满意，2 = 满意，3 = 不满意，4 = 很不满意
	生活费用	exp	3.514	1.601	1 = 小于 50 元，2 = 51 ~ 100 元，3 = 101 ~ 200 元，4 = 201 ~ 300 元，5 = 301 ~ 500 元，6 = 500 元以上
	居住条件	lc	2.941	0.880	1 = 土砖房、漏风雨，2 = 土砖房、遮蔽风雨，3 = 砖瓦平房，4 = 楼房，5 = 其他
社会支持	是否有老年活动中心	acenter	1.530	0.509	1 = 有，2 = 没有
	和街坊邻居关系	neighbor	2.050	0.761	1 = 非常融洽，2 = 比较融洽，3 = 一般，4 = 不是很好，5 = 偶有矛盾，6 = 矛盾大

6.1.3 农村留守老人心理支持需求现状分析

针对本章研究内容，即子女外出务工给农村留守老人的心理支持需求所造成的影响，同时结合实地调查数据进行简单分析后，可以得到以下几个方面的数据对比分析结果。

1. 留守老人与非留守老人的心理支持需求差异

根据调查对象是否为留守老人这一标准进行划分，可以得到图6.1。从图6.1可以看出，从不会感到心理上的孤独与抑郁的群体中，子女在身边的老年人的比例明显高于留守老年人的比例；偶尔感到心理上的孤独与抑郁的两类群体比例则基本持平；经常以及总是感到心理上的孤独与抑郁两项上，留守老年人的比例明显高于非留守老年人群体。显然，子女外出务工，给农村留守老人在心理上所带来的负面影响更为明显。

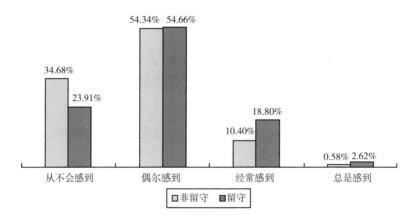

图6.1 按照是否为留守老人进行划分

2. 子女外出距离对留守老人心理支持需求的差异

调查结果发现，选择"从不会感到"心理上的孤独与抑郁的调查对象中，子女外出距离越远，如在省外，所占比例越小；选择"偶尔感到"心理上的孤独与抑郁的调查对象中，则呈现出不规律态势；选择"经常"以及"总是"感到心理上的孤独与抑郁的调查对象中，按其子女外出务工地点为本县、本省和外省的顺序，所占比例呈现出明显的上升态势（见图6.2）。总的来说，子女外出务工的距离越远，老年人的心理孤独或者抑郁发生概率就会越高，但这一规律是在未控制其他变量的前提下，进行简单测算而得出的，稳健性结果还需进一步的实证分析。

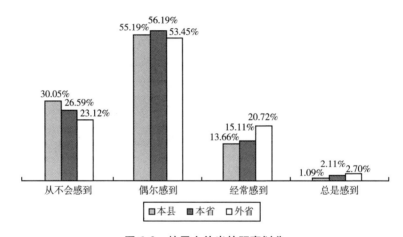

图6.2 按子女外出的距离划分

3. 子女外出务工时间长短对留守老人心理支持需求的差异

根据实证调查数据分析，可以得到图6.3。从该直方图可以发现：选择"从不会感到"以及"偶尔感到"心理上的孤独与抑郁的老年人中，其子女在一年中一半时间在外务工的群体比例不符合总体趋势，其他群体则显示出子女外出时间越短，如半年以下，所占比例越高；选择"经常感到"以及"总是感到"心理上的孤独与抑郁的老人中，除选择"经常感到"的老人中的子女一年中一半时间在外务工的群体比例表现异常外，其余群体均显示出子女外出时间越短，如半年以下，所占比例就越低。可以看出，描述性分析的异常值是子女外出时间为一年中一半时间的群体，究其缘由还需要进一步分析和考证。

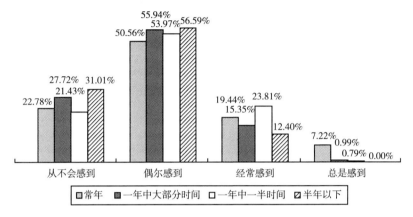

图6.3 按子女外出的时间划分

6.1.4 实证模型的选择

1. 普通有序 Probit 模型

本章关注重点是子女外出务工对留守老人心理满意度的影响。根据调查问卷设计，本章选择老年人孤独感或者抑郁感的自我评价（*psycho*）作为核心因变量，并设计了四个选项：1 = 从来不会感到、2 = 偶尔感到、3 = 经常感到、4 = 总是感到，数字越高则意味着心理支持层面需求满足程度越低。可以发现，该选项为排序数据（order data），这样仅仅使用 OLS 估计可能不会得到稳健结果。本书使用有序 Probit 模型进行估计，该模型是 Probit 模型的扩展模型，专门用来处理有序数据。因此，本书设定模型为：

$$y_i = F(1children_i + \gamma X_i + \varepsilon_i) \qquad (6.1)$$

式（6.1）中，y_i 为被解释变量，即是老年人的心理孤独感或者抑郁感的自我评价（*psycho*）。1*children* 为核心自变量，具体调查内容是子女平时是否在身边，至少有一个子女外出务工定义为 1，没有子女外出务工则为 0；X_i 为一系列反映父母、儿女及父母家庭特征的控制变量，该变量的详细解释见表 6.1；同时，$F(\cdot)$ 为非线性函数，具体形式为：

$$F(y_i^*) = \begin{cases} 1, & y_i^* < \mu_1 \\ 2, & \mu_1 < y_i^* < \mu_2 \\ \vdots \\ J, & y_i^* > \mu_{J-1} \end{cases} \qquad (6.2)$$

其中，y_i^* 是 y 的背后不可观测连续变量，也就是潜变量（latent variable），满足条件式（6.3）；$\mu_1 < \mu_2 < \cdots < \mu_{J-1}$，$\mu_i$ 称为切点，均为待估参数。

$$y_i^* = \beta 1children_i + \gamma X_i + \varepsilon_i \qquad (6.3)$$

2. IV Ordered Probit 模型

根据前文的理论分析可知，子女外出务工和父母心理健康水平，两者之间可能存在互为因果关系，这会导致有序 Probit 模型设定存在明显的内生性问题。具体来说，父母的心理健康水平会影响到子女外出务工决策，例如，心理健康水平较低的父母，由于需要获得子女的生活照料以及精神慰藉，对子女外出务工选择表现出不支持或不赞同，而是希望子女能留在身边陪伴和照料自己；同时，子女外出务工需要成本支持，因此在一些经济水平较差的家庭，会降低子女外出务工的选择。需要指出的是，无论哪种情况都说明，子女外出务工决策并非随机发生，而是一种自我选择的行为。

基于上述分析，为缓解内生性问题对实证结果稳健性产生影响，本章拟在有序 Probit 模型的基础上引入工具变量。工具变量一般包括地区历史迁移率（Hildebrandt et al，2005；McKenzie & Rapopor，2011）和务工农民所在地的宏观经济变量（Antaman，2012；Cortes，2015；Yang，

2008）。本书之所以没有选择这两类工具变量，其主要原因是，大量实证结果证实，地区历史迁移率存在非常严重的弱工具变量问题，并且随着我国基础设施建设进程加快，历史迁移率对当今劳动力外出务工的影响大幅度降低（连玉君等，2014）；此外，由于调查时并未将子女外出务工的地方纳入其中，所以也无法获取工作发生地的宏观经济变量。鉴于此，本书选择当期当地劳动力外出务工概率（*outwork*）以及该市城镇登记失业率（*jobless*）作为工具变量，劳动力外出务工概率数据可以从村级单位调查问卷中获取，而该市城镇登记失业率可以从市级统计部门获得。

在此基础上，本书采用 IV Ordered Probit 模型的两步估计法来进行估计。具体而言，采用了赫克曼（Heckman，1979）的两阶段模型进行参数估计。

第一阶段，把内生性变量 $1children$ 对所有的工具变量和外生变量做 Probit 回归，得到外出务工概率的拟合值：

$$1children_i^* = \delta Z_i + \theta X_i + \mu_i \tag{6.4}$$

$$1children_i = \begin{cases} 0,1children_i^* < 0 \\ 1,1children_i^* \geqslant 0 \end{cases} \tag{6.5}$$

$$\widehat{1children_i^*} = \hat{\delta} Z_i + \hat{\theta} X_i \tag{6.6}$$

其中，式（6.6）计算的是拟合值的估计值，X_i 向量是与普通有序 Probit 模型中相同的控制变量，Z_i 为工具变量构成的向量。

第二阶段，对核心因变量的拟合值、残差、外生变量作有序 Probit 回归，即：

$$y_i = (\beta^* \widehat{1children_i^*} + \gamma X_i + \varepsilon_i) \tag{6.7}$$

通过以上回归修正可以得到关于 β^* 的一致估计，也即，能够反映真正的相关关系。

6.2 实证结果及分析

6.2.1 有序 Probit 实证结果

实证部分首先给出了未增加 IV 变量的实证结果。按照逐步增加个人特征、留守方式、经济因素以及社会支持变量方式进行回归分析，具体结果见表6.2。

表 6.2　　　　　　　　　　有序 Probit 实证回归结果

项目	psycho			
	模型 1	模型 2	模型 3	模型 4
1children	0.0241 *** (3.02)	0.0228 *** (2.61)	0.0214 ** (2.35)	0.0209 ** (2.24)
age		0.0012 * (1.78)	0.00116 * (1.66)	0.00109 (1.38)
sex		0.0077 ** (2.43)	0.0068 ** (2.36)	0.0036 * (1.91)
mar		− 0.0261 ** (− 2.26)	− 0.0219 ** (− 2.17)	− 0.0173 * (− 1.94)
edu		− 0.0004 *** (− 2.73)	− 0.0004 *** (− 2.49)	− 0.0003 ** (− 2.07)
pro		0.0018 ** (1.97)	0.0012 ** (2.02)	0.0011 *** (3.01)
children		− 0.0024 ** (− 2.36)	− 0.0021 ** (− 2.00)	− 0.0019 * (− 1.79)

续表

项目	psycho			
	模型1	模型2	模型3	模型4
distance			−0.0017 ** (−2.58)	−0.0015 ** (−2.17)
outtime			−0.0011 * (−1.82)	−0.00074 * (−1.99)
ccontr			−0.0757 *** (−3.40)	−0.0798 *** (−3.61)
cares			0.316 *** (6.97)	0.326 *** (7.49)
lcs				0.197 *** (5.44)
exp				−0.0884 *** (−3.57)
acenter				0.286 *** (3.66)
neighbor				0.174 *** (3.3)
样本量	915	915	915	915

注：括号内为稳健标准误下的 T 值，*** 、** 和 * 分别表示在1%、5%和10%水平上显著。

从表6.2的 Probit 模型实证结果可以发现，关键变量 1children 前的系数为正，虽然在表6.2的4个模型中该系数的显著性水平有所变化，但至少通过了5%水平的显著性检验，表明子女外出务工对农村留守老人心理需求产生负面影响，子女外出务工导致留守老人的孤独感会更加强烈。这说明，在农村老人留守环境下，子女外出务工对其父母心理需求满足程度的正面积极影响小于负面冲击。这也就验证了假设 H2 的内容。

此外，本章还对其他影响因素进行了分析和验证：首先，自身特征对老人的心理需求层面的影响。由表 6.2 可知，年龄变量（*age*）在绝大部分模型中都至少通过了 10% 以上水平的显著性程度，这证实了理论分析的内容，即一般而言，农村老人的年龄越小，其生活自理能力也越强，自己从外部获得心理满足的方式和手段明显要高于低健康程度的老人。但需要指出的是，与以往类似研究结论相反的是教育程度（*edu*），与心理满足程度却没有显著正相关关系，其中可能的原因在于农村老年人的受教育程度普遍偏低，调查数据显示调查对象的学历水平都停留在小学或者初中学历，那么通过读书看报等手段来弥补子女外出务工所带来的心理空虚，显然无法实现。

其次，经济支持变量的影响因素。从表 6.2 的统计数据分析可以看出，较好的经济条件有利于老年人获得更好的生活照料需求，其中原因在于：生活费用的满意度（*lcs*）水平与心理满意度之间呈现显著的正相关关系。这表明收入增加会显著提升留守老人的生活满足度，正如在理论梳理和分析中所提出的，生活费用越多意味着越高的养老保障水平，物质生活水平的提升会在一定程度上排解子女外出务工所带来的心理空虚，也有利于提升留守老人的心理满足感。

最后，农村社区基础设施的影响因素分析。根据前文中的数据显示，邻里关系（*neighbor*）对老年人生活照料需求满足水平呈正相关关系，且通过了 1% 水平上的显著性检验，和谐、紧密的邻里关系有助于留守老人获得邻居心理层面的支持，正所谓"远亲不如近邻"，无论是在身体照料还是精神支持方面，老人都能获得邻居的支持；但需要指出的是，社区养老服务设施（*acenter*）未出现显著正相关关系，造成这一结果的可能原因在于，代理变量选择可能有所偏差，本书选取了生活所在地是否存在老年活动中心为指标，事实上农村地区老年活动中心功能定位并非用于养老照料支持（付小鹏等，2019），而是在于提供一个娱乐场所，且根据前期实证调查发现，绝大部分调查村镇的老年服务中心常因各种原因不对外开放，成为摆设。

6.2.2　IV Ordered Probit 模型估计结果

根据理论梳理和实证分析，由于存在典型的双向因果关系影响，简单地通过 Probit 模型来验证子女外出务工与心理满足的关系，可能导致实证结果出现偏差。因此，本节借助 IV Ordered Probit 模型来解决双向因果关系对实证结果稳健性的影响。表 6.3 给出了第一阶段的回归结果，需要指出的是，第一阶段的回归是内生解释变量 $1children$ 对工具变量和外生解释变量的 Porbit 回归。

表 6.3　　　　　　IV Ordered Probit 模型的一阶段回归结果

项目	$1children$	
	模型 1 （全部老人）	模型 2 （大于 60 岁）
age	− 0.00185 ** （− 2.31）	− 0.00201 ** （− 2.26）
mar	0.0338 （1.61）	0.0305 （1.52）
edu	0.0029 * （1.92）	0.0028 * （1.84）
pro	0.122 ** （3.29）	0.119 ** （3.01）
lcs		0.197 *** （5.44）

续表

项目	1children	
	模型 1 （全部老人）	模型 2 （大于 60 岁）
exp		0.0884 *** (3.57)
outwork		0.187 *** (3.49)
jobless		0.0924 *** (2.77)
样本量	915	803
Pesudo R^2	0.227	0.200
χ^2	852.8	339.4
工具变量 F 值	26.39	29.07

注：括号内为稳健标准误下的 T 值，*** 、** 和 * 分别表示在 1%、5% 和 10% 水平上显著。

根据表 6.3 的回归结果可知，父母年龄越大，其子女外出务工的概率越大；仍然有工作的父母与没有工作的父母相比，前者的子女选择外出务工的概率更高。对关键工具变量当期外出务工概率（*outwork*）以及城镇失业率（*jobless*），其系数均大于零，这与前文理论分析结论相一致，即地区较高的失业率以及周边外出务工概率是驱使子女外出务工的显著性动力。两个模型中，一阶段工具变量均出现 1% 水平的显著性，联合显著性检验 F 统计值也至少达到 26.39，因此不存在弱工具变量的问题。

表 6.4 给出的是 IV Ordered Probit 模型的二阶段回归结果。在表 6.4 的两个模型中，过度识别的检验值均大于 0.1，说明无法拒绝工具变量符合外生条件的假设预设。因此，本书选择的两个工具变量可以很好承担减

弱内生性问题的影响；与此同时，两个模型中 $\overset{\frown}{1children}^* \text{IV}$ 前的系数均为正，且均通过了 1% 水平上的检验。这再次验证了表 6.2 的实证结果，即：对于存在外出务工子女的农村留守老人，其心理健康程度明显低于没有子女外出务工的老人。

表 6.4　　　　　　　　　IV Ordered Probit 模型的二阶段回归结果

项目	psycho	
	模型 1 （全部老人）	模型 2 （大于 60 岁）
$\overset{\frown}{1children}^* \text{IV}$	0.0267 *** （3.01）	0.0247 *** （2.76）
age	0.0019 ** （1.97）	0.0021 ** （2.26）
mar	0.0038 ** （2.16）	0.0031 ** （2.32）
edu	− 0.0003 *** （− 2.62）	− 0.0002 ** （− 2.32）
pro	0.0016 *** （3.14）	0.0017 ** （2.79）
lcs	0.0018 *** （4.07）	0.0021 *** （4.97）
exp	− 0.0082 ** （− 2.27）	− 0.0091 ** （− 2.54）
outwork	0.251 *** （3.19）	0.271 *** （3.58）
jobless	0.0067 ** （3.47）	0.0078 ** （3.32）

续表

项目	*psycho*	
	模型 1 （全部老人）	模型 2 （大于 60 岁）
样本量	915	803
Pesudo R^2	0.027	0.026
过度识别 p 值	0.8214	0.4719

注：括号内为稳健标准误下的 T 值，*** 和 ** 分别表示在 1% 和 5% 水平上显著。

6.2.3 异质性分析

根据以上实证结果分析可知，家庭子女选择外出务工，的确会对农村留守老人的心理健康产生负影响。但需要追问的是，子女外出务工的特征是否会对这种影响产生异质性作用呢？本节将分别选择子女外出务工时间和外出务工地点两个务工特征来检验外出务工对老人心理健康的异质性影响。

1. 外出务工时间

根据实地调研并结合问卷设计的问题，将子女外出务工样本根据子女外出务工时长（*outtime*）分为外出务工时间较长组（常年务工和一年中大部分时间务工）和外出务工时间较短组（一年中一半时间、半年以下），分别进行 Probit 回归分析，其中老年人的心理健康自评水平（*psycho*）作为被解释变量，同时使用 IV Ordered Probit 模型进行估计，具体结果如表 6.5 所示。①

---

① 限于篇幅，第一阶段实证结果并未展示。

表6.5　　　　　　　　子女外出务工时间对父母心理健康的异质性影响

项目	务工时间较长组	务工时间较短组
	psycho	*psycho*
$\widehat{1children}^* \ IV$	0.0312 *** （3.07）	0.0224 ** （2.37）
个人特征	控制	控制
子女相关	控制	控制
经济特征	控制	控制
社区特征	控制	控制
养老制度	控制	控制
样本量	557	358
Pesudo R^2	0.034	0.021
过度识别 p 值	0.6981	0.6687

注：括号内为稳健标准误下的 T 值，*** 和 ** 分别表示在 1% 和 5% 水平上显著。

根据表6.5可知，在较长时间务工组中，子女外出务工对老人的心理健康自评的负面影响要高于短时间的外出务工组样本。主要表现为系数出现明显下降趋势，而且显著性程度更高。该结果进一步验证了前面的实证结果，之所以产生这一现象，其可能原因在于外出务工时间越长，父母从子女那里获得心理支持的概率就会越低。虽然由于网络技术的发达，父母和子女之间可以借助网络手段进行沟通和交流，但是面对面沟通对于父母心理的支持效果更为关键（张邦辉、李为，2018）。这也验证了假设 H3 中的部分内容，即子女外出务工时间越长其父母获得心理支持需求的满足感就会越低。

2. 外出务工地点

根据实地调研结合问卷设计的问题,将子女外出务工样本根据子女外出务工地点(*distance*),分别划分为长距离务工组(外省)和短距离务工组(本县或者本省),然后以子女未外出务工家庭为对照组,分组分别进行 IV Ordered Probit 回归,被解释变量仍为老年人心理健康自评水平(*psycho*),具体实证结果见表6.6。①

表6.6 　　　　　子女外出务工地点对父母心理健康的异质性影响

项目	务工长距离	务工短距离
	psycho	*psycho*
$\overbrace{1children}$ * IV	0.0311 *** (3.47)	0.0207 ** (3.01)
个人特征	控制	控制
子女相关	控制	控制
经济特征	控制	控制
社区特征	控制	控制
养老制度	控制	控制
样本量	401	514
Pesudo R^2	0.029	0.028
过度识别 p 值	0.7044	0.6701

注:括号内为稳健标准误下的 T 值, *** 和 ** 分别表示在 1% 和 5% 水平上显著。

从表6.6可以看出,在长距离外出务工组中,子女外出务工对父母

---

① 限于篇幅,第一阶段实证结果并未展示。

心理健康影响程度更为明显，主要表现为父母心理健康自评水平（*psycho*）实证结果系数更大，显著性程度更高。这一结果进一步验证了前面的实证结果，子女外出务工会大幅度降低父母心理满足感，降低其心理健康自评水平。之所以出现这样的结果，其中可能的原因是，长距离的务工意味着子女与父母见面机会大幅度下降，父母从子女那里获得的心理支持会减少，子女外出务工对其心理健康影响程度就会加大，即验证了假设 H3。

6.3　边际效应分析

由于有序 Probit 模型的参数并不能直接解读，因而只能从显著性和参数的符号方面给出简单而有限的信息。为进一步测算各变量对父母心理健康自评水平影响的边际效应。对于外生变量，本书计算了连续边际效应；而对于内生性解释变量，则计算了离散边际效应。采用这种方式的主要缘由是，在工具变量中的 1*children* 解释和其他外生解释变量并不一致，因此需要分开进行讨论和实证。

6.3.1　外生解释变量的边际效应

首先，计算出所有解释变量在均值处时，外生解释变量的单位变化如何影响被解释变量取各个值的概率。即：

$$\frac{\partial prob(y=i|x)}{\partial x}\bigg|_{x=x} \quad (i=1,2,3,4) \tag{6.8}$$

其中，x 表示回归中所有解释变量。因此，式（6.8）的含义是，当解释变量移动一个单位时，看被解释变量取各个值的概率如何变化。具体边际效应的结果见表6.7。

表6.7 外生解释变量给老人心理状态带来的具体边际效应

心理自评水平	age	sex	mar	edu	pro **	health *	ccontr ***
从不感到	0.0000	− 0.0006	0.0002	0.0003	− 0.0007	− 0.0006	0.0005
偶尔感到	− 0.0003	− 0.0289	0.0088	0.0141	− 0.0317	− 0.0287	0.0231
经常感到	0.0001	0.0067	− 0.0021	− 0.0033	0.0074	0.0067	− 0.0054
总是感到	0.0002	0.0211	− 0.0064	− 0.0103	0.0231	0.0209	− 0.0168

心理自评水平	cares ***	lsty1 *	lsty2 *	lsty4 **	lcs ***	exp ***	acenter ***	neighbor ***
从不感到	− 0.0021	− 0.0014	0.0016	0.0017	− 0.0013	0.0006	− 0.0019	− 0.0011
偶尔感到	− 0.0944	− 0.0619	0.0701	0.0745	− 0.0569	0.0256	− 0.0830	− 0.0505
经常感到	0.0220	0.0144	− 0.0163	− 0.0173	0.0132	− 0.0060	0.0193	0.0118
总是感到	0.0688	0.0451	− 0.0511	− 0.0543	0.0415	− 0.0186	0.0604	0.0368

注：*** 、** 和 * 分别表示在1%、5%和10%水平上显著。

根据表6.7可知，从整体角度看，对农村留守老人心理自评影响的前三个变量分别是：子女提供生活照料满意度（cares）、村里是否有老年活动中心（acenter）以及老年人生活费用的满足程度（lcs）。

然后，从各具体指标数据来看，首先，对生活照料满意度水平。老年人对子女生活照料满意程度每下降1个单位，其心理自评水平"从不感到"孤独的较低层级的心理满意度就会下降0.0021，"偶尔感到"孤独感的情绪会下降0.0944，而"经常感到"孤独的概率将会上升0.0220，"总是感到"孤独的概率将会上升0.0688。其次，老年社区活动中心的影响。每当该变量下降1个单位，老人心理自评水平"从不感到"孤独的较低层级的心理满意度就会下降0.0019，"偶尔感到"孤独感的情绪会下降0.0830，而"经常感到"孤独的概率将会上升0.0193，"总是感到"孤独的概率则会上升 0.0604。最后，对于生活费的满意程度的影响。每当生活费满意度水平下降 1 个单位，其心理自评水平"从不感到"孤独的较低层级的心理满意度就会下降 0.0013，"偶尔感到"孤独感的情绪就会下降 0.0569，而"经常感到"孤独的概率将会上升 0.0132，"总是感到"孤独的概率则会上升 0.0415。显然，上述实证研究结果对政府制定相应的政策提供了可靠的实证支撑和帮助。

6.3.2 内生解释变量的连续边际效应

事实上，求解 $\overset{\frown}{1children}\,^*$ 对被解释变量的影响有两种方法，第一种为离散边际效应计算，第二种为连续边际效应计算。因为两种方案的结果十分相似，本节选择连续边际效应计算。根据前文实证模型的分析可知，参与到二阶段回归的 $\overset{\frown}{1children}\,^*$ 是一阶段得出的 $\overset{\frown}{1children}$ 的拟合值，属于连续变量，具体结果见表 6.8。

表 6.8　内生解释变量 1children 给老人心理状态带来的具体边际效应

心理自评水平	1children	outtime
从不感到	− 0.0005	0.0005
偶尔感到	− 0.0207	0.0207
经常感到	0.0048	− 0.0048
总是感到	0.0151	− 0.0151

本节选择两个内生变量作为研究对象。当所有变量都处于均值时，家庭子女选择外出务工的概率 $Prob(1children = 1 \mid x)$ 每增加 1 个单位，父母"从不感到"孤独感的方向影响 $[Prob(Psycho = 1 \mid x)]$ 就会下降 0.0005 个单位；"偶尔感到"孤独 $[Prob(Psycho = 2 \mid x)]$ 的负面方向概率会增加 0.0207 个单位；而"经常感到"和"总是感到"孤独 $[Prob(Psycho = 3 \mid x)]$

和 $Prob(Psycho = 4 | x)$ ］的概率，增加幅度则分别为 0.0048 和 0.0151。对于其他条件处于平均水平的父母而言，子女的外出务工决策以及增加外出务工时间和距离，降低了其"从不"或"偶尔"存在的心理空虚的概率，且大幅度提升了农村留守老人"经常"和"总是"感觉到孤独的概率。

6.4　本章小结

本章主要探讨了子女外出务工对农村留守老人心理支持需求的影响。根据笔者所在课题组 2017 年的劳动力流出地养老需求调查的实地调研数据，借助 IV Ordered Probit 模型，实证分析了两者的因果关系。从实证分析结果可以看出：（1）子女外出务工会显著降低留守父母的心理健康自评水平，并显著增加农村留守父母的心理孤独感。（2）异质性实证分析结果显示，子女外出务工距离越远、外出务工时间越长，对留守父母心理健康自评的负面影响就会越大。其可能的原因主要是：一方面，由于农村养老保障相对落后，成年子女赡养父母的经济压力会逐渐增加，为获得更多、更高的收入，子女只能选择去城市或发达地区务工，这对传统家庭赡养模式带来了很大的冲击；同时，由于子女外出务工，父母无法从子女那里获得足够的心理支持，致使其产生心理空虚和孤独感；需要指出的是，子女外出务工地点越远、务工时间越长，留守老人的心理空虚程度和孤独感就会越高。另一方面，虽然外出务工能够给子女及父母带来更高的经济收入，可在一定程度上补偿子女外出给留守父母所带来心理空虚感，但不足以弥补因父母与子女分离所造成的心理健康方面的负面影响，因为子女外出务工，减少了对父母的日常照料和精神支持，且增加了父母的家务负担和隔代照顾责任等，这些都会显著降低留守父母的心理满足感。

基于此，为减轻子女外出务工对留守父母心理需求所带来的负面影响，建议地方政府增加村一级老年活动中心的配置；同时，强化农村社会保障体系的建设力度，不仅要强化保障资金的投入，更要强化保障体制机制建设，不断提高我国农村社会保障水平；此外，随着工业化、城市化和信息化发展，农村劳动力外流趋势不可阻挡，留守老人数量的增加也无法避免，强化家人、朋友、政府及非政府加入，构建起解决农村留守老人心理健康问题的协同解决机制更是必然，这将有助于提高留守老人心理满足感，从而有效提高农村留守老人的晚年生活质量。

第 7 章

子女外出务工对农村留守老人社会
交往需求影响分析

国家统计局的数据显示，2020年全国登记外出农民工为2.9亿人，其中超过1.7亿人为跨省人员。我国现有的户籍管理制度，以及外出务工人员的经济水平和发展能力，很难实现与父母和子女居住在一起。目前，我国农村的社会保障和社会支持制度仍处于起步阶段，与我国经济发展步伐存在脱节现象。在这一时代背景下，对于缺少子女经济和精神支持的农村留守老人来说，其养老生活水平和质量不容乐观，社会交往活动也受到了较大冲击，这严重影响了我国农村留守老人养老保障水平的提高。

当老年人进入老年生活阶段后，其身体机能开始大幅度下降，逐渐脱离社会中心后会出现明显心理失落感，而良好的社会交往活动可以弥补身体机能下降和心理失落所带来的负面影响，进而减轻身体和环境变化所带来的心理焦虑，从而有助于帮助老年人拥有幸福的晚年生活。

基于此，完善的社会交往活动对于农村留守老人养老具有重要作用。但需要明确的是：子女外地务工时，农村留守老人的社会交往需求会受到哪些因素影响？这些因素的影响程度又该如何测度？以及这些因素的影响渠道是什么？这些问题的有效回答，是剖析农村留守老人社会交往现状，明晰不同社会交往方式差异，以及完善留守老人社会交往活动的必然选择。

7.1　农村留守老人社会交往现状分析

为有效把握留守老人和非留守老人的社会交往现状，为后续实证分析奠定良好基础，结合实证调查问卷的问题，本书分别按照日常活动、交往时间、交往对象、交往满意度等维度来刻画两类老人的社会交往活动差异。

7.1.1　日常活动差异

按照调查问卷中日常活动的调查问题，分别设置做农活、带小孩、料理家务、串门聊天、看电视、棋牌以及其他日常活动等七项活动，调查对象需要根据实际情况选择符合实际情况的选项，可多选。调查统计结果如表7.1所示。

表7.1　　　　　　　　留守老人和非留守老人日常活动的情况

日常活动	非留守老人		留守老人		占比差（%）
	样本数（人）	占比（%）	样本数（人）	占比（%）	
做农活	701	36.93	214	38.43	− 1.50 **
带小孩	701	20.68	214	35.19	− 14.51 ***
料理家务	701	39.51	214	33.33	6.18
串门聊天	701	35.66	214	28.24	7.42 **
看电视	701	29.39	214	34.72	− 5.33

续表

日常活动	非留守老人		留守老人		占比差（%）
	样本数（人）	占比（%）	样本数（人）	占比（%）	
棋牌	701	15.83	214	10.65	5.19 *
其他	701	8.56	214	11.11	-2.55

注：***、** 和 * 分别表示在1%、5%和10%水平上显著。

根据表7.1所示，可以发现留守老人和非留守老人的日常活动存在较大差异，具体体现在：

首先，主要的日常活动项目类别差异大。在农村留守老人群体中，做农活、带小孩和看电视是其最主要的日常活动，分别有38.43%、35.19%和34.72%的留守老人日常主要进行这些活动；对于农村非留守老人来说，其主要的日常活动是做农活、料理家务和串门聊天，所占比例分别为36.93%、39.51%和35.66%。

其次，社会交往活动存在明显差异。根据问题设置可知，串门聊天、棋牌等都属于典型农村地区社会交往活动，但是选择这两项活动的留守老人都明显少于非留守老人（35.66%对28.24%和15.83%对10.65%），这一数据进一步佐证了，目前农村留守老人的社会交往活动仍然偏少，子女外出务工对老人的社会交往活动产生了较大的负影响。

最后，非社会交往活动相差比较大。根据调查问题的设置，做农活、料理家务、带小孩以及看电视都属于典型的非社会交往活动，除了料理家务选项外，选择其他三个选项的留守老人都明显多于非留守老人。

需要说明的是，这仅是在未控制其他变量的条件下进行的简单对比，但也基本验证了前述理论分析的内容。

7.1.2 闲暇时间的差异分析

根据前文的分析，充足的闲暇时间是维持较高质量社会交往活动的基础，没有相对充足的空闲时间，社会交往活动往往会停留在浅层次，甚至无法进行社会交往活动。因此，对留守老人空闲时间的分析也可以为分析社会交往活动规律提供数据支撑。基于此，通过对调查数据进行梳理并进行对比，可以得到农村老人闲赋时间的差异。具体结果见表7.2。

表7.2　　　　　　　　留守老人和非留守老人闲赋时间的情况

空闲时间	非留守老人		留守老人		差值（%）
	样本数（人）	比例（%）	样本数（人）	比例（%）	
很多	698	6.02	217	2.34	3.68
比较多	698	13.18	217	9.35	3.83
一般	698	33.52	217	37.38	−3.86
比较少	698	31.09	217	32.71	−1.62
很少	698	16.19	217	18.22	−2.03

通过对比农村留守老人与非留守老人闲赋时间的选择，可以发现留守老人选择"很多""比较多"闲赋时间的比例明显偏低；与之相反，留守老人选择"比较少""很少"闲赋时间选项的比例则明显偏大。这也验证了理论分析的结果，即留守老人的闲赋时间较少的结论。需要说明的是，产生这一结果的可能原因在于，农村留守老人需要承担更多的农业生产活动、家务劳动以及照顾教育留守儿童等方面的责任，闲赋时间就自然减少了。

7.1.3　休闲活动方式的差异

农村地区社会交往活动更多是通过非正式的休闲活动展开（张邦辉、杨乐，2017），所以分析农村老人的休闲活动特征也可以大致描绘出农村留守老人社会交往活动的基本情况。基于此，结合农村生活实际以及课题小组调查问卷,本书将农村老人的休闲活动划分为五类:串门聊天、看电视、阅读书报、棋牌和其他。统计结果见表7.3。

表7.3　　　　　　　　　留守老人和非留守老人休闲活动的情况

休闲活动	非留守老人		留守老人		差值（%）
	样本数（人）	比例（%）	样本数（人）	比例（%）	
串门聊天	701	50.50	214	40.0	10.5
看电视	701	50.00	214	51.78	-1.78
阅读书报	701	4.85	214	4.17	0.68
棋牌	701	18.29	214	11.11	7.18
其他	701	13.98	214	11.57	2.41

从表7.3可以看出:第一,两类老人的主要休闲活动方式,多集中在串门聊天、看电视、棋牌三类活动,且将串门聊天和看电视均列为自己最主要的休闲活动方式。第二,有一半以上被调查的非留守老人选择串门聊天的休闲方式,相对而言,只有40%的被调查留守老人,将串门聊天列为主要的休闲活动方式,两者相差10.5%。第三,约有1/5的非留守老人将棋牌列为自己的主要休闲方式,对留守老人而言,这一数字仅为1/10左右。第四,对于看电视,约有52%留守老人更愿意选择这一休闲方式,高于非留守农村老人的50%的数字。

显然,上述分析结果也验证了理论分析内容,对于比较耗费时间的串门聊天、棋牌等休闲活动,留守老人因为自身责任的增加会降低这些耗费时间的休闲活动安排,当然,这不利于留守老人社会活动满意度提升,也不利于留守老人养老的社会交往需求。

7.1.4　社会交往满意度的差异

为增加直观了解留守老人和非留守老人对自己社会交往活动满意度差异，描绘出社会交往活动满意度变化趋势，为调查问卷中的"社会交往活动满意度"这一核心变量，设置了"非常满意""基本满意""一般""基本不满意""非常不满意"五个选项。通过对调查数据整理，得到如表7.4所示的结果。

表7.4　　　　　　　留守老人和非留守老人社会交往满意度差异

社会交往满意度	非留守老人		留守老人		差值（%）
	样本数（人）	比例（%）	样本数（人）	比例（%）	
非常满意	698	10.20	217	6.31	3.89
基本满意	698	29.08	217	16.04	13.04
一般	698	30.10	217	28.93	1.17
基本不满意	698	18.04	217	30.30	-12.26
非常不满意	698	12.58	217	18.42	-5.84

从表7.4可以看出，留守老人对于自己社会交往满意度明显低于非留守老人。"基本不满意"和"非常不满意"选项中，留守老人选择比例明显高于非留守老人，两者分别相差12.26%和5.84%；与之相对应，"非常满意"和"基本满意"两个选项中，非留守老人的选择比例更大一些，平均差距为3.89%和13.04%。虽然没有控制其他变量，但留守老人对自身社会交往满意度水平，明显低于非留守老人对于社会交往的满意度水平。需要提出的是，子女外出务工导致留守父母社会交往满意度的下降，其原因是什么？产生的机理如何？这是本章需要解决的关键问题。

7.2　数据来源、关键变量选择及实证模型设定

7.2.1　数据来源

数据来源详见 3.1.1 节。

7.2.2　关键变量选择

1. 因变量

根据第 4 章的影响机理分析可知，社会交往概念的覆盖范围十分宽泛，主要包括社会交往时间（张邦辉等，2018b）、社会交往形式（张邦辉等，2018a）、社会交往对象（陈志光，2016）、社会交往次数（张海波、童星，2006）等。限于数据可得性以及调查成本考虑，本次调查选择农村老人社会交往活动自评水平（social communication satisfaction, SCS）来度量社会交往活动。事实上，罗伊等（Roy et al., 2009）研究发现，自评水平可以从总体上衡量社会交往活动整体水平。因为，这是被调查对象对自己社会交往的整体评价，也是对社会交往方式、社会交往对象、社会交往时间等多种因素的综合评价。为解决这一问题，调查问卷设置了"非常满意""基本满意""一般""基本不满意""非常不满意"等五个选项。

2. 自变量

根据理论分析框架，自变量选择主要是围绕可能影响老年人社会交往自评水平的变量，具体选择结果如下：

（1）核心自变量：子女是否有外出务工的（1children）。为了进一步

分析子女外出务工对老年人社会交往自评水平影响，本节选择子女外出务工的异质性指标，分别是子女外出务工地点（*distance*）、子女外出务工时长（*outtime*）等指标。

（2）受调查对象的基本特征信息，包括调查对象年龄（*age*）、性别（*sex*）、教育水平（*edu*）、职业（*wor*）和自评健康（*health*）等维度。

（3）经济因素。根据理论分析可知，收入水平及收入来源可能会直接影响老年人社会交往的满意度，为此本书选择收入充裕水平（*eca*）和经济来源（*ecs*）两变量。关于收入来源这一变量，若受调查对象选择其收入来源主要来自子女，则该值设置为1；若是来自其他渠道，如自身劳动收入、养老金、低保收入，则该值为0。关于收入充裕水平，分别为"很充足，有多余""够用""勉强够用""不够用""很缺乏"等五个选项，并分别赋值为4分、3分、2分、1分、0分，数值越大表明老年人的收入水平越高，生活越富裕。

（4）社会网络支持因素。社会网络是老年人维持较高社会交往活动的重要渠道，本章引入居住地是否有老年活动中心（*acenter*）和街坊邻里关系（*neighbor*）这两个变量。

（5）社会保障因素。主要选择养老保障（*pen*）和医疗保障（*med*）这两项指标。

3. 变量含义及描述性统计

各变量的含义及测度见表7.5。

表7.5　　　　　　　　　　　变量含义及测度

变量	指标含义及测度
社会交往活动自评水平（*SCS*）	您认为自身社会交往满意度如何？（5 = 非常满意，4 = 基本满意，3 = 一般，2 = 基本不满意，1 = 非常不满意）

续表

变量	指标含义及测度
日常活动（dac）	被调查对象的日常活动（1 = 做农活、带小孩、料理家务，2 = (1∪3)*，3 = 串门聊天、看电视/听广播、下棋/打牌）
空闲时间（fet）	被调查对象的空闲时间是否充裕（1 = 很少，2 = 比较少，3 = 一般，4 = 比较多，5 = 很多）
休闲活动（lac）	被调查对象进行了哪些休闲活动（1 = 走亲戚、串门聊天、棋牌娱乐，2 = (1∪3)*，3 = 看电视/听收音机、阅读书刊报纸）
交往对象（obj）	被调查对象的交往对象（1 = 配偶、子女、亲友，0 = 其他）
经济来源（ecs）	被调查对象的生活费用主要来源（1 = 子女，0 = 其他）
收入充裕水平（eca）	被调查对象是收入满意水平（0 = 很缺乏；1 = 不够用；2 = 勉强够用；3 = 够用；4 = 很充足，有多余）
性别（sex）	被调查对象的性别（1 = 男性，0 = 女性）
年龄（age）	被调查对象年龄，本书将年龄作为连续值
子女是否有外出务工的（1children）	被调查对象子女是否至少有一个外出务工（1 = 外出，0 = 其他）
子女外出务工地点（distance）	子女外出务工地点（1 = 省内务工，0 = 跨省务工）
子女外出务工时长（outtime）	子女外出务工时长（1 = 常年，2 = 1年中大部分时间，3 = 1年中一半时间，4 = 半年以下）
养老保障（pen）	被调查对象是否获得基本养老保险（1 = 获得，0 = 没有）
医疗保障（med）	被调查对象是否参加农村医疗合作社（1 = 参加，0 = 没有）
教育水平（edu）	被调查对象最高文凭（0 = 小学及以下，1 = 初中，2 = 高中或中专，3 = 大专，4 = 本科及以上）

续表

变量	指标含义及测度
职业（wor）	被调查对象是否务农（1 = 是，0 = 否）
自评健康（health）	被调查对象健康状况（0 = 有严重疾病，1 = 有慢性疾病，2 = 一般，3 = 很健康）
是否有老年活动中心（acenter）	被调查对象村镇是否有老年活动中心（2 = 有，1 = 没有）
和街坊邻里关系（neighbor）	被调查对象的邻里关系评价（1 = 非常融洽，2 = 比较融洽，3 = 一般，4 = 不是很好，5 = 偶有矛盾，6 = 矛盾大）

注：＊"1U3"表示分值1和3的选项都有。

各变量数据的描述性统计分析见表7.6。

表7.6　　　　　　　　　变量的描述性统计分析

变量	样本＊	均值	标准差	最小值	最大值
社会交往活动自评水平（SCS）	893	3.104	0.865	1	5
日常活动（dac）	893	2.242	0.961	1	3
空闲时间（fet）	889	3.517	1.086	1	5
休闲活动（lac）	888	2.316	0.949	1	3
交往对象（obj）	893	0.198	0.399	0	1
经济来源（ecs）	893	0.530	0.499	0	1
收入充裕水平（eca）	888	2.188	1.049	0	4
性别（sex）	891	0.563	0.496	0	1
年龄（age）	893	68.363	6.730	51	95
子女是否有外出务工的（1children）	841	0.220	0.414	0	1
子女外出务工地点（distance）	891	0.720	0.316	0	1

续表

变量	样本*	均值	标准差	最小值	最大值
子女外出务工时长（outtime）	892	2.200	1.040	1	4
养老保障（pen）	887	0.861	0.346	0	1
医疗保障（med）	888	0.936	0.245	0	1
教育水平（edu）	892	0.344	0.669	0	4
职业（wor）	883	0.508	0.500	0	1
自评健康（health）	892	1.651	0.810	0	3
是否有老年活动中心（acenter）	892	1.530	0.509	1	2
和街坊邻里关系（neighbor）	892	2.050	0.761	1	5

注：*为保证指标符合要求，删除了不符合要求的样本，所以表中各指标样本量不相等，这不影响研究结论。

7.2.3　实证模型选择

1. 普通有序 Probit 模型

本章关注重点是子女外出务工对留守老人社会交往满意度的影响。根据调查问卷设计，本章选择被调查对象的社会交往活动满意度自我评价（SCS）作为核心因变量，调查问卷分别设置了"非常满意""基本满意""一般""基本不满意""非常不满意"五个选项。数字越高意味着社会交往活动需求的满足程度越高；由于该选项为排序数据，如果仅使用 OLS 估计可能不会得到稳健结果。因此，本书使用有序 Probit 模型进行估计，该模型是 Probit 模型的扩展模型，专门用来处理有序数据。基于此，本节模型设定如下：

$$y_i = F(1children_i + \gamma X_i + \varepsilon_i) \tag{7.1}$$

其中，y_i 为核心被解释变量，即是老年人的社会交往活动满意度的自我评价水平（SCS）。$1children$ 为核心自变量，具体调查内容是子女平时是否在身边，当子女不在父母身边时定义为 1，而子女在身边时则为 0；X_i 为一系列反映父母、儿女及父母家庭特征的控制变量，变量解释和描述性统计分析分别见表 7.5 和表 7.6。$F(\cdot)$ 为某非线性函数，具体形式为：

$$F(y_i^*) = \begin{cases} 1, & y_i^* < \mu_1 \\ 2, & \mu_1 < y_i^* < \mu_2 \\ \vdots \\ J, & y_i^* > \mu_{J-1} \end{cases} \tag{7.2}$$

其中，y_i^* 是 y 的背后不可观测连续变量，即潜变量，满足条件式（7.3）；$\mu_1 < \mu_2 < \cdots < \mu_{J-1}$，$\mu_i$ 称为切点，均为待估参数。

$$y_i^* = \beta 1children_i + \gamma X_i + \varepsilon_i \tag{7.3}$$

2. 实证模型的内生性问题和 PSM 实证模型

前文的理论分析虽然勾勒出了子女外出务工可能对父母社会交往活动产生单向影响逻辑路径，但是在子女外出务工与父母社会交往活动之间，可能存在双向因果问题，这可能会导致内生性问题，从而导致实证分析结论不稳健。

对于自我评价社会交往满意度不高的父母，需要通过子女的外出务工来获得额外收入，以提升自己参与社会交往活动的层次和质量；同时，社会交往满意度较低的父母，可能需要通过增加同子女沟通和交流来提升满意度水平，因而会阻碍子女选择外出务工。这些情形的出现，意味着子女的外出务工决策是一种理性选择行为，而不是随机发生的。如果仅靠有序 Probit 模型，显然无法正确推断出子女外出务工对父母社会交往满意度的影响。为缓解内生性问题对因果推断准确性的影响，本书引入倾向得分匹配（propensity score matching，PSM）实证研究方案，来降低内生性问题的影响。

具体来说，倾向得分匹配首先需要构造一个包含影响子女外出务工个体因素的 Logit 模型，也即，计算子女外出务工发生的倾向性或者叫作概率。实证模型如下：

$$Logit(1children = 1) = \beta_0 + \beta_1 X_i + \varepsilon_1 \qquad (7.4)$$

在上述实证模型中，$1children$ 是一个表示子女是否外出务工的虚拟变量，若子女中有选择外出务工的，则 $1children = 1$；否则 $1children = 0$。这样就可以将农村老人区分为"实验组"（子女有外出务工）和"控制组"（子女没有外出务工）。X_i 是可能影响子女外出务工的协变量，协变量可以对个体进入处理组的倾向得分进行预测，通过倾向得分可以在个体特质基本相似的条件下进行对比，从而减少样本自选择而产生的估计偏误。由子女是否外出务工可获得不同结果，从而构成可比较的"对照组"和"处理组"，两组相互间的社会交往满意度差异，就是子女外出务工对留守老人社会交往满意度的平均处理效应（average treatment effect，ATE）模型，具体如下：

$$ATE = E_{P(X)|D=1}\{E[Y(1)|1children_i = 1, P(X)] \\ - E[Y(0)|1children_i = 0, P(X)]\} \qquad (7.5)$$

其中，ATE 为平均处理效应，$1children_i$ 是处理组（1）和控制组（0）的虚拟变量，$P(X_i)$ 是倾向得分，$Y(1)$ 表示留守老人的社会交往满意度自评水平，$Y(0)$ 表示非留守老人社会交往满意度的自评水平。

7.3 实证结果分析

7.3.1 有序 Probit 模型实证结果

实证部分首先给出了有序 Probit 模型以及最小二乘法实证分析回归结

果。按照逐步增加其他控制变量的方式，展示了两种不同模型下的回归结果。需要指出的是，选择最小二乘法（ordinary least squares，OLS），是根据弗里吉特斯（Frijters，2004）以及安格瑞斯特和皮施克（Angrist & Pischke，2009）的研究结论，即虽然被解释变量是序数变量，但只要方程设置正确，在回归分析中无论是 OLS 还是有序 Probit 和 Logit 实证方法，其对系数都没有显著影响。基于此，本书也将 OLS 结果进行展示。具体结果见表7.7。

表7.7　子女外出务工对父母社会交往满足感影响的基准回归结果

变量	SCS			
	OLS	OLS	有序 Probit	有序 Probit
	模型 1	模型 2	模型 3	模型 4
$1children$	-0.5031^{***} (-2.92)	-0.4190^{**} (-2.19)	-0.6022^{***} (-3.14)	-0.4712^{**} (-2.77)
$neighbor$		-0.3546^{**} (-2.32)		-0.2042^{**} (-2.19)
sex		-0.2081^{*} (-1.85)		-0.1844^{*} (-1.66)
age		-0.1161^{*} (-1.74)		-0.1274^{*} (-1.91)
pen		0.1042^{**} (2.13)		0.0981^{**} (2.25)
med		0.2081^{***} (9.57)		0.0994^{**} (2.17)
edu		0.0131^{*} (1.68)		0.0142^{**} (2.01)
wor		0.3582^{***} (3.06)		0.2241^{**} (2.07)

续表

变量	SCS			
	OLS	OLS	有序 Probit	有序 Probit
	模型 1	模型 2	模型 3	模型 4
health		0.4257 ** （1.92）		0.0441 ** （2.07）
地区虚拟变量	控制	控制	控制	控制
常数项	1.574 *** （4.61）	0.4481 *** （3.71）	1.5541 *** （2.53）	1.0064 ** （2.38）
样本	817	817	814	817
调整的 R	0.096	0.146	0.032	0.1641

注：括号内为稳健标准误下的 T 值，*** 、** 和 * 分别表示在 1%、5% 和 10% 水平上显著。

本节使用逐步增加控制变量的方法，分别进行了 OLS 回归分析和有序 Probit 回归分析。表 7.7 中，模型 1 和模型 3 是未添加其他控制变量的回归结果；模型 2 和模型 4 是控制所有变量后基准实证结果；同时，所有的实证分析都控制了市一级地区虚拟变量。

根据表 7.7 中模型 1 和模型 3 的回归结果可知，关键自变量（1*children*）前的系数为负，并且至少通过 1% 水平上的显著性检验，这一结果初步验证了子女外出务工决策会对留守老人社会交往满意度产生显著负面影响。模型 2 和模型 4 的结果显示，当加入控制变量后，关键自变量前的系数，虽然变小了，但是其系数符号和显著性程度并没有出现较大变化，这说明控制变量对老年人社会交往满意度产生了重要影响；同时，再次证实了子女外出务工决策，的确会对农村留守父母的社会交往满意度产生负面影响。

本书 OLS 回归及有序 Probit 回归结果中，控制变量的符号及显著性程度与其他相似研究基本一致。说明村集体的娱乐休闲设施、身体健康自评水平、经济收入水平、教育水平等变量，对老人社会交往满意度均呈现正向促进作用，也表明越高自变量水平可以带来越高的社会交往满意度水平。需要强调的是，闲赋时间水平对留守老人社会交往满意度水平也呈显著正相关关系，这也就验证了假设 H4，即：在其他因素固定条件下，子女外出务工对农村留守老人的社交生活存在正负两个维度的影响，但负面影响大于正面积极影响，总效应为负。

7.3.2　倾向得分匹配的估计结果

根据前文分析可知，由于存在内生性问题，可能导致 OLS 回归结果和有序 Probit 回归结果无法准确推断出子女外出务工与农村老人社会交往满意度之间的因果关系。为降低由于内生性问题所导致的估计偏误，本章引入了倾向得分匹配研究方法来处理这一问题。在实际操作过程中，倾向得分匹配的方法有多种，如一对一匹配、k 最近邻匹配、半径匹配、核函数匹配等。需要指出的是，在大样本条件下，无论选择哪种匹配方法，其实证结果都趋向于精确匹配。基于此，本书选择最常用的 k 最近邻匹配方法，同时配合一对一匹配来进行检验和验证，具体结果见表 7.8。

表 7.8　　　　　　　　　不同匹配方法估计的平均处理效应

OLS		样本量	回归系数	标准误
		817	− 0. 4190 **	0. 1913
PSM 估计匹配方法	匹配参数	共同支持样本量	ATE（平均处理效应）	标准误
k 最近邻匹配	$k = 10$；$\delta = 0.001$	618	− 0. 4201 ***	0. 1542
	$k = 10$；$\delta = 0.005$	628	− 0. 4211 ***	0. 1123
	$k = 10$；$\delta = 0.01$	668	− 0. 4211 ***	0. 1207
	$k = 10$；$\delta = 0.01$	753	− 0. 4216 ***	0. 1354
	$k = 10$；$\delta = 0.5$	786	− 0. 4216 ***	0. 0941

续表

PSM 估计匹配方法	匹配参数	共同支持样本量	ATE（平均处理效应）	标准误
一对一匹配	$\delta = 0.001$	584	-0.4194^{***}	0.1095
	$\delta = 0.005$	597	-0.4199^{***}	0.0987
	$\delta = 0.01$	616	-0.4207^{***}	0.0625
	$\delta = 0.1$	669	-0.4219^{***}	0.1422
	$\delta = 0.5$	713	-0.4218^{***}	0.1395

注：（1）k 表示指定计算匹配结果的邻域的个数，δ 指匹配得分的带宽；（2）根据阿巴迪和因本斯（Abadie & Imbens，2008），本书 ATE 的 p 值与标准误均为采用自助抽样法（bootstrap）反复抽样 500 次得到的结果；（3）*** 表示在 1% 水平上显著。

根据表 7.8 可知，在不同匹配方法和匹配带宽的条件下，相对于非留守老人而言，农村留守老人因子女外出务工所带来的社会交往满意度的净效应均为负，负的净效应取值区间是 $[-0.4219，-0.4190]$，且至少通过了 1% 水平上的显著性检验。这一结果明显高于 OLS 回归结果，造成这一偏差的原因可能是存在内生性问题，若无法处理这一内生性问题，可能会导致低估子女外出务工对父母社会交往满意度的影响程度。

根据赫克曼（Heckman，2006）的研究，要保证倾向得分匹配结果的稳健，需要满足协变量在对照组和处理组不存在显著性差异，这就需要对得分匹配后的结果进行平衡性检验，只有通过平衡性检验才能保证倾向得分匹配结果的稳健性。根据万海远等（2013）、付小鹏等（2019）的研究，本书选择匹配前后是否存在显著性差异的 p 值作为标准，具体结果如表 7.9 所示。①

---

① 限于篇幅限制，本节只展示一对一匹配平衡性检验结果。

表 7. 9   平衡性检验

变量	匹配前后	非留守老人（对照组）		留守老人（处理组）		均值差
		样本	均值	样本	均值	
sex	匹配前	463	0. 521	423	0. 608	− 0. 0870 ***
	匹配后	303	0. 538	303	0. 568	− 0. 030
age	匹配前	464	70. 166	424	72. 434	− 2. 2680 ***
	匹配后	303	71. 485	303	71. 914	− 0. 429
outtime	匹配前	455	0. 209	381	0. 228	− 0. 020
	匹配后	303	0. 228	303	0. 218	0. 010
pen	匹配前	461	0. 829	421	0. 898	− 0. 0692 ***
	匹配后	303	0. 885	303	0. 894	− 0. 010
med	匹配前	460	0. 933	423	0. 941	− 0. 008
	匹配后	303	0. 937	303	0. 937	0. 000
edu	匹配前	464	0. 293	423	0. 400	− 0. 1064 **
	匹配后	303	0. 356	303	0. 327	0. 030
wor	匹配前	454	0. 626	424	0. 380	0. 2458 ***
	匹配后	303	0. 495	303	0. 475	0. 020
health	匹配前	463	1. 598	424	1. 708	− 0. 1093 **
	匹配后	303	1. 683	303	1. 644	0. 040

注：*** 和 ** 分别表示在1% 和5% 水平上显著。

从表7.9 的结果可知，经过平衡性检验后，匹配前后几乎所有的协变量偏差都呈现不显著特征。这表明"匹配前"处理组和控制组存在显著性差异，但是经过匹配后，留守老人和非留守老人之间影响其社会交往满意度层面的协变量分布几乎是一致的，并没有显著性差异。平衡检验的结果可以近似认为留守老人（处理组）和非留守老人（对照组）除了子女是否外出务工这一变量存在差异外，基本可以认为是同一个体（万海远等，

2013），即达到了"控制 – 处理"准自然实验框架的要求，并可以认为
PSM 结果是稳健可信的。

7.3.3 影响异质性分析

随着社会经济的发展，子女外出务工地点也不仅仅趋向于超大城市，
而出现了就近务工、本省务工的趋势（张邦辉、杨乐，2017）。那么子女
外出务工的形式，是否会对留守老人社会交往满意度水平产生异质性影
响？为了回答这一问题，本书在控制组为非留守老人保持不变的前提下，
根据子女务工距离这个选项，将留守老人分为：子女远距离务工（子女跨
省）和子女短距离务工（本省内外出务工）；然后分组进行 PSM 实证分
析，具体实证结果见表 7.10。

表 7.10　　　　　子女务工地点对留守老人社会交往满意度的影响

项目	匹配参数	全部样本	子女短距离务工 VS 非留守老人	子女长距离务工 VS 非留守老人
k 最近邻匹配法	$k = 10$；$\delta = 0.001$	− 0.4201 *** (0.1542)	− 0.3219 ** (0.1604)	− 0.4309 *** (0.1514)
	$k = 10$；$\delta = 0.005$	− 0.4211 *** (0.1123)	− 0.3317 * (0.1708)	− 0.4417 *** (0.1664)
	$k = 10$；$\delta = 0.01$	− 0.4211 *** (0.1207)	− 0.3002 * (0.1632)	− 0.4436 *** (0.1106)
	$k = 10$；$\delta = 0.01$	− 0.4216 *** (0.1354)	− 0.3128 ** (0.1412)	− 0.4436 *** (0.1509)
	$k = 10$；$\delta = 0.5$	− 0.4216 *** (0.0941)	− 0.3128 * (0.1845)	− 0.4427 *** (0.1474)
ATE 均值	−	− 0.4211	0.3159	0.4405

注：（1）k 表示指定计算匹配结果的邻域的个数，δ 指匹配得分的带宽；（2）ATE 的 p 值与
标准误均为采用自助抽样法（bootstrap）反复抽样 500 次得到的结果；（3） *** 、 ** 和 * 分别表
示在 1% 、5% 和 10% 水平上显著。

从表 7.10 可以看出：相对于非留守老人而言，子女长距离外出务工会导致留守父母社会交往满意度水平下降幅度更大，下降均值为 0.4405，并至少通过 1% 水平上的显著性检验。相较而言，子女短距离务工对于留守老人社会交往下降均值仅为 0.3159，且显著性水平下降到 10% 水平。显然，这一实证结果证实了，子女外出务工的形式，的确会对留守老人社会交往满意度水平产生异质性影响，并且远距离务工子女对留守老人社会交往满意度水平的负面影响更大一些。造成这一结果的可能原因主要在于：

一方面，远距离外出务工意味着子女返回家乡的成本较高，那么就会降低返乡的频次，这会导致父母必须完全承担起留守子女教育、基本农业经营活动以及家务劳动等事务性活动，而外出务工子女则无法分担这一责任；同时，各种高强度照顾和生产经营活动，挤占了留守老人社会交往活动的时间和空间，显然不利于留守老人社会交往活动满意度的提升。

另一方面，子女短距离的外出务工，虽然父母仍然需要承担起部分事务性劳动，但子女返乡的频率会增加，子女自身也会协助留守父母完成一些事务性活动，那么父母的社会交往需求满足程度就会较高，显然其社会交往的满意度也会提升；同时，较近距离务工活动方便了外出子女对留守父母、留守儿童的探亲活动，这增强了留守父母与外出务工子女之间的沟通和交流，与子女间的沟通和交流显然有利于提升留守老人社会交往的满意度水平，因此，较近距离的外出务工活动，对留守老人社会交往满意度水平的负面影响会更小些。

7.4　影响机理分析

根据前文分析可知，子女外出务工可能会通过包括照顾留守儿童、农业生产、家务劳动等事务性劳动，引起农村留守老人对社会交往满意度产生负面影响；与此同时，子女外出务工也会通过增加留守老人收入，来增加留守老人社会交往可能性和扩大社会交往范围，进而会对留守老人社会交往满意度产生正面影响。

理论上，可以得出上述影响机理和梳理出相应的逻辑关系，但究竟这条路径是否真实存在？还需要进一步验证，即需要进行中介效应分析。一般而言，目前中介效应都是借鉴温忠麟等（2004）的方法，即采用中介效应模型来对这两个机制进行识别。本节采用路径图结合方程的方式，来呈现这三者之间的关系以及数理模型关系，具体如图7.1所示。

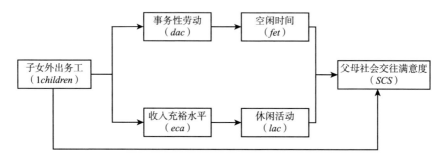

图7.1 中介效应检验模型

结合图7.1的模型设置，分别进行正、负中介效应实证模型检验，具体模型如式（7.6）~式（7.13）所示，为方便理解，分开展示回归方程。

首先，针对子女外出务工对留守父母生活满意度的负面影响这一路径。

$$Y_i = \alpha + \beta_i 1children_i + X_i + \varepsilon_i \qquad (7.6)$$

$$dac_i = \alpha + \beta_i 1children_i + \beta_i X_i + \varepsilon_i \qquad (7.7)$$

$$fet_i = \alpha + \beta_i 1children_i + \beta_i dac + \beta_i X_i + \varepsilon_i \qquad (7.8)$$

$$Y_i = \alpha + \beta_i 1children_i + \beta_i dac_i + \beta_i fet_i + \beta_i X_i + \varepsilon_i \qquad (7.9)$$

其次，子女外出务工对留守父母生活满意度的正面影响这一路径。

$$Y_i = \alpha + \beta_i 1children_i + X_i + \varepsilon_i \qquad (7.10)$$

$$eca_i = \alpha + \beta_i 1children_i + \beta_i X_i + \varepsilon_i \qquad (7.11)$$

$$lac_i = \alpha + \beta_i 1children_i + \beta_i X_i + \beta_i eca_i + \varepsilon_i \qquad (7.12)$$

$$Y_i = \alpha + \beta_i 1children_i + \beta_i eca_i + \beta_i lac_i + \beta_i X_i + \varepsilon_i \qquad (7.13)$$

为保证研究结论的稳健性，在不影响理论解释的条件下，本书分别将事务性劳动（dac）设置为虚拟变量，若是农村老人把做农活、带小孩、料理家务列为自己的主要活动，那么该值就为1，其余选项为0；对于休闲活动变量，若老人将看电视、听收音机、阅读书刊等，来作为自己主要休闲活动选择的话，则该值为1，其余选项则为0。

按照巴伦和肯尼（Baron & Kenny，1986）提出的中介效应模型框架（简称BK框架）解释，假如理论分析正确，那么子女外出务工对农村留守老人的社会交往满意度，就会存在上述分析的逻辑机理路径，最终的方程就会满足链式中介效应模型并达到显著。

具体实证结果如表7.11和表7.12所示。

表7.11　　　　　　　　　　负面影响中介效应分析

项目	模型1	模型2	模型3	模型4
	SCS	dac	fet	SCS
1children	− 0.4115 ** （− 2.21）	0.1038 *** （− 3.16）	− 0.0718 ** （− 2.49）	− 0.4011 ** （− 1.97）
dac			− 0.0412 ** （2.03）	− 0.1054 ** （2.31）
fet				− 0.1337 * （1.69）
其他控制变量	控制	控制	控制	控制
样本量	817	817	817	817
adjusted R^2	0.137	0.251	0.144	0.141

注：括号内为稳健标准误差下的T值，*** 、** 和 * 分别表示在1%、5%和10%水平上显著。

表 7. 12 正面影响中介效应分析

项目	模型 1	模型 2	模型 3	模型 4
	SCS	eca	lac	SCS
$1children$	-0.4003^{**} (-2.47)	0.2037^{**} (-2.56)	-0.1017^{***} (-3.04)	-0.3971^{**} (-2.26)
eca			0.2104 (1.62)	0.1471^{*} (1.76)
lac				0.0714^{***} (2.76)
其他控制变量	控制	控制	控制	控制
样本量	817	817	817	817
adjusted R^2	0.125	0.214	0.144	0.139

注：括号内为稳健标准误下的 T 值，***、** 和 * 分别表示在 1%、5% 和 10% 水平上显著。

从表 7.11 的实证分析结果可以看出负面影响的逻辑路径检验结果符合理论分析，即子女外出务工和留守老人社会交往满意度之间存在显著的链式多重中介模型，同时该路径是部分中介作用。具体而言，模型 2 的结果显示，子女外出务工会显著提升农村老人参与事务性活动，即参与留守儿童照顾、农业基本活动以及家务劳动的老人比例更高；而模型 3 的结果也证实，子女外出务工确实会同时影响农村老人的闲赋时间，并且事务性劳动的参与会大幅度降低闲赋时间，且两者的显著性程度都至少通过了 5%。根据模型 4 可知，把所有的中介变量加入回归分析时，所有的变量都通过了至少 10% 以上显著性检验，这说明子女的外出务工决策（$1children$）的确会通过影响事务性劳动投入强度（dac）、闲赋时间（fet），降低老人社会交往满意度水平（SCS），并最终对留守老人的社会交往满意度产生负面影响，也即是验证了假设 H5 的内容。

由表 7.12 的实证分析结果可知，正面影响的逻辑路径并非链式多重中介效应，而是所谓的并行多重中介作用，并呈现非完全中介效应特征。具体而言，表7.12中的模型2显示，子女外出务工决策，显著增加了父母经济收入的满意度，其系数为正，且通过至少5%水平上的显著性检验；在模型3中，经济收入（eca）与休闲方式（lac）对满意度的影响并不显著；而在模型4中，经济收入（eca）与休闲方式（lac）对满意度的影响却同时起到正负两个方面。这一实证结果表明，收入来源满意度并不会增加老人选择看电视这种休闲模式，而子女外出务工（1children）却会分别通过经济收入（eca）与休闲方式（lac），对父母的社会交往满意度产生正、负两种影响。产生这一结果的主要原因包括：一方面，农村地区的社会环境比较封闭，可供选择的休闲方式比较有限，而且老年人选择的休闲方式通常比较固定；另一方面，目前，农村较为受欢迎的娱乐方式，如串门、看电视、下棋等，都不需要大量的经济资源就可以配置完成。因此，收入水平的变化并不会显著影响留守老人对休闲娱乐方式的选择，即假设H6中的内容并不能被证实。

7.5 本章小结

总体来说，农村留守老人养老需求的影响因素分析，一直是我国社会科学领域关注的重要议题。关于子女外出务工究竟如何影响留守老人社会交往的需求，至今仍没有有效的实证证据来支撑。本章基于笔者所在课题组2017年的劳动力流出地养老需求调查的微观调查数据，采用有序Probit模型、PSM的因果识别策略，深入探讨了子女外出务工对农村留守老人社会交往满意度的影响。实证结果显示：

首先，子女外出务工会降低留守老人社会交往的满意度水平，且这种负面影响呈现出显著的异质性特征。子女远距离务工对留守老人社会交往活动满意度的负面影响会更大；相较而言，子女选择较近距离务工对留守老人的社会交往满意度的负面影响则会变小。

其次，进一步分析发现，子女外出务工增加了留守老人的事务性劳动方式，如代替子女承担照顾留守儿童、家务劳动以及农业生产责任，这压缩了留守老人的闲赋时间，因而不利于留守老人社会交往满意度的提升。

最后，需要强调的是，正面积极中介效应检验并未通过显著性检验，这说明子女的外出务工虽然能够增加老人的收入水平，但并不能显著提升父母社会交往的满意度水平。

显然，上述研究结论对我国农村社会保障制度的完善具有重要的现实意义。提高农村留守老人社会交往活动的满意度，不断提升农村留守老人的生活质量，是我国服务型政府、责任型政府建设的必然选择，更是实现社会共同富裕的应然之举。基于本章的实证分析结论，笔者认为，子女选择外出务工时，要提升农村留守老人的社会交往满意度，可以从以下几个方面着手：

第一，增加公共基础设施供给，尤其需要增加可供留守老人进行社交活动的公共基础设施。实证结果显示，收入满意度提升并不能通过休闲方式多样化来提升留守老人社会交往满意度，这显然与城市数据的研究结果并不一致。其原因在于农村公共基础设施缺失严重，导致留守老人休闲方式十分有限，因此需要积极增加农村休闲、娱乐公共设施建设；同时，提升已有设施的利用效率，因为实地调查后发现，现有的社交活动中心大多没有开放，因此，提升已有基础设施的利用效率也极为重要。

第二，逐步完善户籍管理政策。城市政府应当逐步放松户籍管制的强度，减少劳动力移动的障碍，这样既能保证子女与务工父母共同生活，从而建立起完整人格；同时也有利于增加留守老人闲赋时间，从而提升自身社会交往满意度。

第三，构建起更加完善的社会保障体系。通过建立更加完善、保障水平更高的社会保障支持网络体系，持续提高农村留守老人的生活水平和质量，从而不断降低农村留守老年人的经济生活压力，增加与家中亲戚、周边近邻的社会交往时间，进而提高农村留守老人的社会交往满意度。

第 8 章

子女外出务工对农村留守老人
灵性寄托需求影响分析

　　国内外的经济实践经验表明，农村青壮年及富余劳动力向城市转移、向经济发达地区集聚，是经济社会发展的固有规律和正常逻辑。在我国，这一规律就表现为"农民工流动"，这种流动为城市的发展带来了充足并且相对廉价的人力资本，有力地推动了城市经济发展。农民工为城市发展贡献了巨大的力量，但严格的城市户籍管制制度，导致农民工很难在城市立足，只能选择"暂住"城市，并导致农民工不便携带子女、父母同自己一起进入城市共同生活，从而产生了大量的农村留守老人群体。根据张邦辉和杨乐（2017）的研究预测，到2050年，农村地区留守老人群体将超过5600万人。在传统观念影响下，农村老人会更倾向于通过子女赡养这一渠道来满足养老需求，由于子女选择外出务工，将导致留守老人的养老活动陷入缺乏子女支持的困境，从而导致留守老人的养老需求难以得到满足。这种不满足不仅会体现在生活照料层面、社会交往层面和心理支持层面，而且灵性寄托层面的不满足将会表现得更突出。

　　灵性寄托需求满足对于老年人的身心健康非常有利。维拉戈梅萨（Villagomeza，2006）研究发现，较高的灵性寄托水平不仅可以促进老人保持较健康水平，减少躯体的痛苦和个体的压力，减轻慢性病的病痛，而且有助于老年人建立起积极的人生观和价值观，使其正视身体机能下降，不断摆脱焦躁、不安、怪癖等常见的问题，通过健康积极向上的精神状态，找到人生的真正价值和意义，从而保持良好的心理适应状态。无论是正视身体机能下降，还是树立稳定的高层次人生价值观，对于农村地区大量老年群体维持较高层次和较高质量的生活都极为重要。那么，究竟哪些因素会影响老年人灵性寄托水平，子女作为最重要的支持方，在其中又扮演着什么样的角色？子女外出务工对于老人灵性寄托又有什么样的影响？目前，这一领域研究十分有限，仅有关于灵性寄托研究更多集中在对临终老人、瘫痪老人的临终关怀。深入了解农村老人灵性寄托影响因素，了解子女外出务工对于留守老人灵性寄托水平的影响渠道，并进一步提出有针对性的政策缓解因子女外出务工所产生的老年人灵性寄托需求，是本章关注的重点问题。

8.1　农村留守老人灵性寄托水平测量指标设计及现状分析

8.1.1　农村留守老人灵性寄托水平测量指标体系设计

根据第 2 章的文献梳理和分析可知，灵性寄托的概念并不是简单的、可以直接测量的对象，而是一个包含生命意义、自我认知、环境认知等多方面要素在内的复杂概念。因此，无法通过单一指标来对其进行测量和确定。为更好测量农村老人灵性寄托的真实水平，本书首先需要设计一套合理的量表。借鉴许雅文（2020）的研究思路和指标设计内容，按照文献梳理、焦点小组讨论、专家德尔菲调查的工作顺序，笔者设计了一套包含生命意义、自我实现、家人支持、朋友及身边人支持、生存环境评价等 5 个维度、96 个具体题目的农村老人灵性寄托量表，但受限于调查成本的限制，结合焦点小组的讨论结果，本次调查从生命意义、自我实现、家人支持、朋友及身边人支持、生存环境评价 5 个维度中，分别选择 3 个指标，一共构成 15 个具体指标，来测量农村老人灵性寄托水平。具体指标设置见表 8.1。

表 8.1 农村老人灵性寄托水平评估指标

一级指标	序号	具体指标
生命意义	1	我感到生命十分有意义
	2	我觉得人生充满希望
	3	我觉得自己有生存的价值
自我实现	1	面对困难时，我能看得开、想得通
	2	遇到任何事情，我都往好的方面想
	3	我会寻找使自己喜欢的事情来做
家人支持	1	家人主动关心我
	2	家人支持我追求自己的生活
	3	我与家人和睦相处
朋友及身边人支持	1	我与朋友互相关心、互相支持
	2	我有困难时，有朋友可以帮我
	3	我满意和身边人的关系
生存环境支持	1	我关心社会上发生的大事
	2	我喜欢自己的居住室外环境
	3	我感到居住的地方很整洁

每一具体指标都给五个答案，分别是非常符合、符合、一般、不符合和非常不符合，并分别对应 5、4、3、2 和 1 分。然后通过将所有选项的得分加总，就可以得到受调查对象即农村老人的灵性寄托水平，得分越高，调查对象的灵性寄托感受质量越好。

8.1.2 灵性寄托水平测量指标体系信度评估

量表设计是否合理、是否有效，直接决定了综合评价的可信性和可用性。显然，量表的信度越高，就越能准确反映农村老人灵性寄托的真正水平。本书采用李克特量表来测量，针对这一选项设置，经常采用Cronbach's α 系数和折半系数，相较而言，Cronbach's α 系数在社会科学研究领域应用更广，本书选择 Cronbach's α 系数作为信度评估的指标。

关于可信指数与指标体系可信度之间的关系，学术界一直没有确定的答案和具体的指导意见。加里（Gary，2009）认为，可信度指数达到 0.9以上才能确保量表可信度达到稳健水平。在实际操作过程中，0.9 置信度往往难以实现，加里（Gary，2009）也认为该系数至少要达 0.8 以上；而德韦利斯（Devellis，1991）和努纳利（Nunnally，1978）则认为 0.7 是最小的可接受范围。由于本量表是包含二级指标的复合量表，因此本书认为只要总量表达到 0.8 以上，分指标至少达到 0.7 以上，就可以认为是符合可信的要求。按照这一标准，根据实证调查的数据，计算出不同层级指标体系的信度测量结果，具体结果见表 8.2。农村老人灵性寄托水平评估指标信度测量结果显示，总量表的 Cronbach's α 系数超过了 0.8，分指标的Cronbach's α 系数也均超过 0.7，因此，认为量表达到可信的范围，具有很好的信度。

表 8.2　　　　　　　农村老人灵性寄托水平评估指标信度测量

维度	问题数量	Cronbach's α（N）
生命意义	3	0.863（1093）
自我实现	3	0.781（1093）
家人支持	3	0.816（1093）
朋友与身边人支持	3	0.744（1093）

维度	问题数量	Cronbach's α（N）
生存环境支持	3	0.831（1093）
总量表	15	0.812（1093）

8.1.3 农村留守老人灵性寄托现状分析

本章主要探讨子女外出务工对留守老人灵性寄托水平的影响。为大致勾勒出两者之间的关系，并对老年人灵性寄托的现状进行分析。本节将按照子女是否外出务工这个关键指标为标准，将调查对象划分为两类，然后分别进行数据描述。具体信息见表8.3。

表8.3 　　　　　　　　　农村老人灵性寄托水平的描述性统计

指标	留守老人		非留守老人		总体	
	样本量	均值（分）	样本量	均值（分）	样本量	均值（分）
生命意义	148	9.57	767	11.33	915	11.05
自我实现	148	10.12	767	11.66	915	11.41
家人支持	148	9.79	767	12.43	915	12.00
朋友与身边人支持	148	10.34	767	11.88	915	11.63
生存环境支持	148	11.22	767	12.87	915	12.60
灵性寄托总分	148	51.04	767	60.17	915	58.69

从表8.3可知，农村老人的整体灵性寄托水平均值为58.69分，每个题的平均得分约为3.9分，即接近比较满意或者比较符合的水平（均值为4），这说明农村地区老人的灵性寄托处于比较高的水平。产生这一实证结

果的原因，主要是：一方面，农村地区拥有较为和谐的社会关系，较为融洽的邻里关系，这为农村老人提供了良好的社会支持，它不仅体现在身体上的支持，还表现在邻里的心理支持；另一方面，我国传统文化中强调自强自立的奋斗精神，尤其在公共服务体系建设不够健全的条件下，这种精神支撑提升了农村老人的灵性寄托水平。

　　具体来看，从灵性寄托总分这个角度进行对比可以发现，非留守老人灵性寄托总均分（60.17 分）大于留守老人的（51.04 分）；且所有的二级指标均值都体现出非留守老人灵性寄托水平大于留守老人，均值相差 1.82 分，其中家人支持这个维度相差最大，均值几乎相差 2.6 分。这只是在没有控制其他变量的条件下，进行的简单数据对比，但两者在灵性寄托层面的差异为我们勾勒出了社会现实，也初步证实了子女的外出务工决策可能会对父母灵性寄托产生负面影响。当然，这一结果是否稳健，在其他控制条件固定的情况，这一结果是否显著，造成这一结果的原因及影响路径是什么，这些问题都需要进一步验证。

8.2　数据来源、关键变量选择及实证模型设定

8.2.1　数据来源

数据来源详见 3.1.1 节。

8.2.2　变量的选择

1. 因变量

本章选择灵性寄托水平（spiritual scale level，SSL）作为因变量。根据前文分析可知，老人的灵性寄托是一个非常复杂的概念，其涵盖的内容

非常宽泛，不仅包含老人自我认知（许雅文，2020）、老人自我实现意愿，还包含老人对生存环境的认可等内容，因此无法通过单一指标来测量老年人灵性寄托的水平。借鉴许雅文（2020）的做法，本书构建了一套包含"生命意义、自我实现、家人支持、朋友及身边人支持、生存环境评价"5个维度、96个指标的测量量表，并从这 5 个维度、96 个具体指标中，分别选择了 15 个最具代表性指标，从整体来测量调查对象的灵性寄托水平（*SSL*），将每一个指标选项加总就可以得出测量真实水平。

2. 自变量

根据理论分析框架，自变量的选择也是围绕可能影响老年人灵性寄托需求的变量。除核心自变量之外，本书分别按照基本特征信息、经济信息、社会网络支持、个人心理特征整理自变量。

（1）核心自变量：子女是否有一个外出务工（1*children*）。为进一步分析子女外出务工对老年人社会交往的自评水平，本章也选择了子女外出务工的异质性指标，分别是子女外出务工地点（*distance*），子女外出务工时长（*outtime*）等指标。

（2）调查对象的基本信息：包括调查对象年龄（*age*）、性别（*sex*）、教育水平（*edu*）、职业类型（*wor*）和自评身体健康水平（*health*）等维度。

（3）经济因素。根据理论分析可知，收入水平及收入来源可能直接影响老年人灵性寄托水平，为此我们选择了收入充裕水平（*eca*）和经济来源（*ecs*）两个变量。关于收入来源变量，假如接受调查的对象选择其收入来源主要是来自子女，则该值设置为1；假如是来自其他渠道，如自身劳动收入、养老金、低保收入，则该值为0。关于收入水平变量，分别为"很充足，有多余""够用""勉强够用""不够用""很缺乏"等选项，分别对应赋值为4分、3分、2分、1分、0分，数值越大表明老年人的收入越高，物质生活越富裕。

（4）社会网络支持。社会网络是老年人维持较高灵性寄托水平的关键渠道，本章引入了居住地是否有老年活动中心（*acenter*）和街坊邻里关系（*neighbor*）这两个变量；同时，还加入了养老保障（*pen*）、医疗保障（*med*）两项指标。此外，还包括老年人对社会交往满意度的自我评价（*SCS*）。

（5）心理因素。本章主要选择老年人的心理状态作为重要指标，主要指老年人自评孤独感水平，孤独感或者抑郁感的自我评价（*psycho*）。设置的选项为：1 = 从来不会感到；2 = 偶尔感到；3 = 经常感到；4 = 总是感到。数字越高，则意味着心理支持层面的需求满足程度越低。

具体指标的定义及测量方法见表8.4。

表8.4   变量含义及测度

变量	指标含义及测度
老年人灵性寄托的水平（*SSL*）	15 个具体问题，根据描述，越符合自身情况得分越高，然后分别赋值 1 ~ 5，得分越高老年人的灵性寄托水平越高
日常活动（*dac*）	被调查对象的日常活动（1 = 做农活、带小孩、料理家务，2 = (1U3)*，3 = 串门聊天、看电视/听广播、下棋/打牌）
空闲时间（*fet*）	被调查对象的空闲时间是否充裕（1 = 很少，2 = 比较少，3 = 一般，4 = 比较多，5 = 很多）
休闲活动（*lac*）	被调查对象进行了哪些休闲活动（1 = 走亲戚、串门聊天、棋牌娱乐，2 = (1U3)*，3 = 看电视/听收音机、阅读书刊报纸）
交往对象（*obj*）	被调查对象的交往对象（1 = 配偶、子女、亲友，0 = 其他）
经济来源（*ecs*）	被调查对象的生活费用主要来源（1 = 子女，0 = 其他）
收入充裕水平（*eca*）	被调查对象是收入满意水平（0 = 很缺乏；1 = 不够用；2 = 勉强够用；3 = 够用；4 = 很充足，有多余）
性别（*sex*）	被调查对象的性别（1 = 男性，0 = 女性）
年龄（*age*）	被调查对象年龄，本书将年龄作为连续值

续表

变量	指标含义及测度
子女外出务工 （1children）	被调查对象子女是否至少有一个外出务工（1 = 外出，0 = 其他）
子女外出务工地点 （distance）	子女外出务工地点（1 = 省内务工，2 = 跨省务工）
子女外出务工时长 （outtime）	子女外出务工时长（1 = 常年，2 = 1 年中大部分时间，3 = 1 年中一半时间，4 = 半年以下）
是否有老年活动中心（acenter）	居住地是否有老年活动中心
与街坊邻里关系（neighbor）	老人自评与街坊邻里关系评分
养老保障（pen）	被调查对象是否获得基本养老保险（1 = 获得，0 = 没有）
医疗保障（med）	被调查对象是否参加农村医疗合作社（1 = 参加，0 = 没有）
教育水平（edu）	被调查对象最高文凭（0 = 小学及以下，1 = 初中，2 = 高中或中专，3 = 大专，4 = 本科及以上）
职业类型（wor）	被调查对象是否务农（1 = 是，0 = 否）
自评身体健康（health）	被调查对象健康状况（0 = 有严重疾病，1 = 有慢性疾病，2 = 一般，3 = 很健康）
社会交往活动自评水平 （SCS）	您认为自身社会交往满意度如何？（5 = 非常满意，4 = 基本满意，3 = 一般，2 = 基本不满意，1 = 非常不满意）
心理健康程度（psycho）	您是否感到孤独？（1 = 从来不会感到，2 = 偶尔感到，3 = 经常感到，4 = 总是感到）
对子女照料满意度 （cares）	1 = 很充足，2 = 还可以，3 = 一般，4 = 不够，5 = 非常缺乏
子女的数量（children）	被调查对象子女的数量

注：＊ "1U3" 表示分值 1 和 3 的选项都有。

各变量数据的描述性统计见表 8.5。

表 8.5   变量的描述性统计分析

变量	样本*	均值	标准差	最小值	最大值
老年人的灵性寄托水平（SSL）	897	58.69	5.369	15	75
日常活动（dac）	893	2.242	0.961	1	3
空闲时间（fet）	889	3.517	1.086	1	5
休闲活动（lac）	888	2.316	0.949	1	3
交往对象（obj）	893	0.198	0.399	0	1
经济来源（ecs）	893	0.53	0.499	0	1
经济充裕（eca）	888	2.188	1.049	0	4
性别（sex）	891	0.563	0.496	0	1
年龄（age）	893	68.363	6.73	60	95
子女外出务工（1children）	841	0.22	0.414	0	1
子女外出务工地点（distance）	891	0.72	0.316	0	1
子女外出务工时长（outtime）	892	2.200	1.040	1	4
是否有老年活动中心（acenter）	892	1.53	0.509	1	2
与街坊邻里关系（neighbor）	892	2.05	0.761	1	5
养老保障（pen）	887	0.861	0.346	0	1
医疗保障（med）	888	0.936	0.245	0	1
文化程度（edu）	892	0.344	0.669	0	4
职业（wor）	883	0.508	0.5	0	1
自评健康（hel）	892	1.651	0.81	0	3
社会交往活动自评水平（SCS）	893	3.104	0.865	1	5
心理健康的自评水平（psycho）	894	1.943	0.724	1	4
对子女照料满意度（cares）	895	2.484	0.801	1	5
子女的数量	901	1.799	1.545	0	5

注：* 为保证指标符合要求，删除了不符合要求的样本，所以表中各指标样本量不相等，这不影响研究结论。

8.2.3 实证模型的选择

1. 最小二乘法（OLS）模型

本章的实证分析模型设定，从最小二乘法开始，以此作为基准模型；虽然被解释变量是由序数加总而得，但仍然是连续性数据。根据弗里吉特斯（Frijters，2004）以及安格瑞斯特和皮施克（Angrist & Pischke，2009）的研究结论，即虽然被解释变量是序数变量，只要方程设定正确，无论 OLS 模型还是有序 Probit 模型回归的结果都趋向于稳健，其显著性和符号方向并不会出现显著影响。因此，本章首先使用 OLS 作为研究的基准模型。其方程设定如下：

$$SSL_i = \alpha_0 + \beta_1 1children_i + \varphi_i X_i + \gamma_i Z_i + \varepsilon_i \tag{8.1}$$

其中，SSL_i 是受调查对象灵性寄托的自评水平；$1children_i$ 为子女外出务工的决策；X_i 为除子女外出务工决策之外，可能影响调查对象灵性寄托水平的控制变量；Z_i 为受调查对象市级虚拟变量。

2. 模型设定的内生性问题

根据理论分析可知，子女的外出务工决策可能通过多种渠道对父母灵性寄托水平产生正面和负面两个维度的影响；但父母的灵性寄托水平也可能也会影响子女的外出务工决策。例如，若父母灵性寄托水平较低，即对人生价值评价较低，则就可能会产生非常极端行为；而为照顾父母、帮助父母，子女就可能会降低外出务工的概率，从而增加与父母共同生活的时间，陪伴父母，以缓解父母紧张的精神状态和情绪。这种情况的出现就会带来内生性问题，具体就是双向因果关系问题。为缓解内生性问题对实证结果稳健性的影响，本章拟在 OLS 的基础上，引入倾向得分匹配实证研究方案，以实现降低内生性问题的影响。

具体而言，倾向得分匹配首先要构造一个包含影响子女外出务工个体因素的 Logit 模型，即计算子女外出务工发生的倾向性或者称作概率。具体实证模型如下：

$$Logit(1children=1)=\beta_0+\beta_i X_i+\varepsilon_i \qquad (8.2)$$

模型（8.2）中，$1children$ 是一个表示子女是否外出务工的虚拟变量，若子女中有选择外出务工的，则 $1children=1$；否则 $1children=0$。$1children$ 变量将农村老人区分为"实验组"（子女有外出务工）和"控制组"（子女没有外出务工）。X_i 为可能影响子女外出务工的协变量，协变量可以对个体进入处理组的倾向得分进行预测。通过倾向得分，可以在个体特质基本相似的条件下进行对比，以减少样本自选择而产生的估计偏误。由子女是否外出务工获得不同结果而构成可比较的"对照组"和"处理组"，两者之间灵性寄托水平的差异就是子女外出务工对留守老人灵性寄托水平的平均处理效应（ATE）模型，具体如下：

$$ATE=E_{P(X)|D=1}\{E[Y(1)|1children_i=1,P(X)]$$
$$-E[Y(0)|1children_i=0,P(X)]\} \qquad (8.3)$$

其中，ATE 即为平均处理效应，$1children_i$ 是处理组（1）和控制组（0）的虚拟变量，$P(X)$ 是倾向得分，$Y(1)$ 表示留守老人的灵性寄托满意度水平，$Y(0)$ 表示非留守灵性寄托的满意度水平。

8.3　实证结果分析

8.3.1　OLS 模型的实证结果

本节主要采用 OLS 回归进行分析，以给出基准回归分析的实证结果，从而为后续的分析奠定坚实的基础。按照逐步增加其他控制变量的方式，展现不同条件下的实证结果。具体结果如表 8.6 所示。

表 8.6   子女外出务工对父母灵性寄托水平影响的基准回归结果

项目	SSL			
	模型 1	模型 2	模型 3	模型 4
1children	−2.1419 *** (−3.91)	−2.0074 *** (−3.55)	−1.9418 ** (−2.39)	−1.2136 ** (−2.54)
age		0.2039 (1.57)	0.1924 * (1.66)	0.1827 (1.26)
sex		1.3419 ** (2.14)	1.1072 * (1.84)	0.0998 * (1.77)
mar		2.0774 *** (3.42)	1.8571 *** (2.77)	1.3718 ** (2.36)
edu		1.0027 *** (3.92)	0.9971 *** (3.02)	0.9517 *** (2.84)
pro		−1.1226 ** (−2.16)	−1.0091 ** (−2.07)	−0.9012 * (1.81)
children		2.0727 ** (2.37)	1.8241 * (1.67)	1.2271 * (1.75)
distance			−1.9741 ** (−2.53)	−2.0117 ** (−2.51)
outtime			−1.7125 ** (−2.02)	−1.7014 ** (−1.97)
cares			−2.613 *** (−4.39)	−2.624 *** (−4.49)
lcs				2.0397 *** (5.44)

续表

项目	SSL			
	模型1	模型2	模型3	模型4
exp				− 1.0398 ** (− 2.49)
psycho				2.9914 *** (6.30)
SCS				3.1167 *** (3.19)
neighbor				2.0038 *** (3.02)
eca				− 1.3904 *** (2.71)
样本量	897	897	897	897
Adjusted R^2	0.041	0.056	0.072	0.104

注：括号内为稳健标准误下的 T 值，***、** 和 * 分别表示在 1%、5% 和 10% 水平上显著。

　　根据表 8.6 可知，随着逐步加入控制变量，关键自变量（1*children*）的回归系数逐渐降低，系数符号方向并没有发生改变，一直保持负号，但是显著性程度出现了明显变化，当增加社会交往活动自评水平（*SCS*）、心理健康的自评水平（*psycho*）等变量后，子女外出变量前系数为负，并且至少通过 5% 水平的显著性检验。导致这种情况出现的主要原因，可能是新增加的变量与关键自变量间存在相关关系，由此引发内生性问题呈现，进而导致实证结果不能准确反映实证关系；同时，关键自变量系数为负，说明子女外出务工的确不利于父母灵性寄托满意度水平的提升。因此，该实证结果也初步证实了，子女外出务工决策，虽然会对父母的灵性寄托水平存在正、反两个方向影响，但是"净影响"仍然为负，这也初步证实了假设 H7 的内容，但是该结果是否稳健，还需要进一步进行实证分析和验证。

总体来看，其他控制变量的显著性和系数符号方向，都与已有的相似研究相同。一是老人子女的数量（$children$）与老人的灵性寄托水平呈现负相关关系，且在至少 10% 的水平上显著，其可能的原因在于，老人要协助年轻父母帮忙照顾幼年孙辈，子女越多则父母越要付出大量的闲赋时间，从而不利于老人灵性寄托水平的提升。二是受教育水平（edu）与灵性寄托水平正相关，并在 1% 水平上显著，说明受教育程度越高，对于人生意义和价值的认识会更加清晰，也会变得更加积极乐观，促进老人进行自我调节、排解抑郁情绪的渠道就会更多。三是生活费用充足水平（eca）与灵性寄托水平也呈现正相关关系，这符合一般的逻辑顺序和规律，因为农村老人生活费用水平越高，则意味着其生活条件越好，而较好的生活条件，有利于培养和提升老人的灵性寄托水平。

8.3.2　倾向得分匹配的估计结果

根据前文分析可知，由于内生性问题的影响，仅依靠 OLS 回归结果无法推断子女外出务工与留守老人灵性寄托水平之间是否存在稳定的因果关系。为了降低内生性问题所带来的估计偏误，本书引入倾向得分匹配的实证方法来处理的这一问题。该方法可以使用观测到的信息消除因果推断过程存在的估计偏误，因此，倾向得分匹配方法在社会科学领域内的应用越来越广泛（郭申阳、马克，2012）。正如前面章节所指出的，在实际操作过程中，倾向得分匹配的匹配方法有多种，范登贝格和鲁宾（Vanden-berghe & Rubin，2004）研究认为，在大样本的条件下，无论选择哪种匹配方法，其实证结果都趋向于精确匹配。但需要指出的是，为了保证结论的稳健，本书依然采用最常用的 k 最近邻匹配，同时配合一对一匹配来进行检验和验证，具体结果见表 8.7。

表8.7　　　　　　　　　不同匹配方法估计的平均处理效应

OLS		样本量	回归系数	标准误
		897	− 1. 2136	0. 4777
PSM 估计匹配方法	匹配参数	共同支持样本量	ATE（平均处理效应）	标准误
k 最近邻匹配	$k = 10$；$\delta = 0.001$	721	− 1. 5716 ***	0. 5871
	$k = 10$；$\delta = 0.005$	721	− 1. 5716 ***	0. 5162
	$k = 10$；$\delta = 0.01$	729	− 1. 6419 ***	0. 5414
	$k = 10$；$\delta = 0.01$	774	− 1. 9712 ***	0. 4691
	$k = 10$；$\delta = 0.5$	796	− 1. 4319 ***	0. 4209
一对一匹配	$\delta = 0.001$	482	− 1. 6604 ***	0. 4419
	$\delta = 0.005$	493	− 1. 6307 ***	0. 4329
	$\delta = 0.01$	501	− 1. 6639 **	0. 6521
	$\delta = 0.1$	513	− 1. 6639 ***	0. 5027
	$\delta = 0.5$	513	− 1. 7124 ***	0. 5697

注：（1）k 表示指定计算匹配结果的邻域的个数，δ 指匹配得分的带宽；（2）本书 ATE 的 p 值与标准误均为采用自助抽样法（bootstrap）反复抽样 500 次得到的结果；（3）*** 和 ** 分别表示在 1% 和 5% 水平上显著。

　　根据表8.7的实证结果可知，在不同匹配方法和匹配带宽的条件下，相较于非留守老人，子女外出务工的农村留守老人的灵性寄托水平下降了 1.5 ~ 1.7，并且至少通过了 5% 水平上的显著性检验。这再次验证了假设 H7，即子女外出务工对农村留守老人灵性寄托水平的"净影响"为负。通过对比 OLS 回归结果和 PSM 分析结果，可以发现，该影响明显变大并且显著性程度更高。显然，内生性问题可能是造成实证结果出现差异的原因，因此，若不考虑内生性问题可能会低估子女外出务工对父母灵性寄托的影响，进而也不利于准确把握其影响程度。

　　需要指出的是，为确保匹配的有效性，需要将倾向得分匹配进行重叠性检验或平衡检验等（张弛等，2018；Smith & Todd，2005），本书主要对倾向得分匹配进行平衡性检验，具体检验结果见表8.8。[①]

表 8.8 平衡性检验

变量	匹配前后	非留守老人（对照组）		留守老人（处理组）		均值差
		样本	均值	样本	均值	
sex	匹配前	463	0.521	423	0.608	− 0.0870 ***
	匹配后	303	0.538	303	0.568	− 0.030
age	匹配前	464	70.166	424	72.434	− 2.2680 ***
	匹配后	303	71.485	303	71.914	− 0.429
1children	匹配前	455	0.209	381	0.228	− 0.020
	匹配后	303	0.228	303	0.218	0.010
pen	匹配前	461	0.829	421	0.898	− 0.0692 ***
	匹配后	303	0.885	303	0.894	− 0.010
med	匹配前	460	0.933	423	0.941	− 0.008
	匹配后	303	0.937	303	0.937	0.000
edu	匹配前	464	0.293	423	0.400	− 0.1064 **
	匹配后	303	0.356	303	0.327	0.030
wor	匹配前	454	0.626	424	0.380	0.2458 ***
	匹配后	303	0.495	303	0.475	0.020
health	匹配前	463	1.598	424	1.708	− 0.1093 **
	匹配后	303	1.683	303	1.644	0.040

注：*** 和 ** 分别表示在1%和5%水平上显著。

---

① 限于篇幅限制，本章只是展示一对一匹配平衡性检验结果。

从表8.8的平衡检验结果可以发现,健康自评水平 (*health*)、受教育水平 (*edu*)、是否参加医疗保险 (*pen*) 等协变量在匹配前后,两组之间的差别显著异于零;同时,匹配前的协变量联合分布检验的 p 值很小,这说明在实施"匹配前"处理组(留守老人)与控制组(非留守老人)之间并不存在显著差异,而经过匹配后,所有协变量偏误比例都下降到2%以下,大部分偏误降低比例也至少超过80%,这也表明 PSM 的匹配方法已经显著降低了处理组与对照组之间的显著差异。根据万海远等(2013)的研究结论可以看出,这样的匹配结果基本达到了"控制 – 处理"准自然实验框架的要求,同时,该结果也证实了倾向得分匹配结果的稳健性。

8.3.3　异质性分析

随着交通便利程度的不断提高,加上务工信息获取的门槛不断下降,农村居民外出务工选择也越来越呈现多样化特征。农村居民务工决策也不再局限于近距离,即局限于本省务工的决策;同时也不再局限于长时间外出务工,即出现了短时间的务工形式。面对新情形的出现,子女外出务工形式多样是否会对老年人灵性寄托产生异质性影响?为回答这一问题,本小节在保持控制组为非留守老人不变的前提下,将留守老人根据其子女外出务工距离以及外出务工时间长短标准,划分为两组四类:第一组,子女远距离(跨省)务工和子女短距离(本省内)务工;第二组,子女外出务工时间较长(常年务工和一年中大部分时间务工)和子女外出务工时间较短(一年中一半时间、半年以下)。对其分别进行得分倾向匹配分析,具体结果如表8.9和表8.10所示。

表8.9 　　　　　　 **子女务工地点对留守老人灵性寄托水平的影响**

项目	匹配参数	全部样本	子女短距离务工与非留守老人比较	子女长距离务工与非留守老人比较
k 最近邻匹配法	$k=10$; $\delta=0.001$	-1.5716 *** (0.5871)	-1.4195 *** (0.5411)	-1.6815 *** (0.5771)
	$k=10$; $\delta=0.005$	-1.5716 *** (0.5162)	-1.4207 *** (0.4509)	-1.7022 *** (0.4033)
	$k=10$; $\delta=0.01$	-1.6419 *** (0.5414)	-1.5618 *** (0.5023)	-1.7709 *** (0.4419)
	$k=10$; $\delta=0.01$	-1.9712 *** (0.4691)	-1.7194 *** (0.5297)	-2.0371 *** (0.5797)
	$k=10$; $\delta=0.5$	-1.4319 *** (0.4209)	-1.3224 *** (0.5038)	-1.7039 *** (0.5656)
ATE 均值	-	-1.6376	-1.4888	-1.7791

注：（1）*k* 表示指定计算匹配结果的邻域的个数，δ 指匹配得分的带宽；（2）ATE 的 p 值与标准误均为采用自助抽样法（bootstrap）反复抽样 500 次得到的结果；（3）*** 表示在 1% 水平上显著。

表8.10 　　　　 **子女外出务工时间长度对留守老人灵性寄托水平的影响**

项目	匹配参数	全部样本	子女长时间外出务工与非留守老人比较	子女短时间外出务工与非留守老人比较
k 最近邻匹配法	$k=10$; $\delta=0.001$	-1.5716 *** (0.5871)	-1.8904 *** (0.5411)	-1.4106 *** (0.4557)
	$k=10$; $\delta=0.005$	-1.5716 *** (0.5162)	-1.8826 *** (0.4509)	-1.4009 *** (0.5244)
	$k=10$; $\delta=0.01$	-1.6419 *** (0.5414)	-1.9127 *** (0.5023)	-1.4009 *** (0.4021)

续表

项目	匹配参数	全部样本	子女长时间外出务工 与非留守老人比较	子女短时间外出务工 与非留守老人比较
k 最近邻 匹配法	$k = 10；\delta = 0.01$	-1.9712 *** (0.4691)	-1.9924 *** (0.5297)	-1.6614 *** (0.3486)
	$k = 10；\delta = 0.5$	-1.4319 *** (0.4209)	-1.9224 *** (0.5038)	-1.3308 *** (0.4159)
ATE 均值	-	-1.6376	-1.9201	-1.4409

注：（1）k 表示指定计算匹配结果的邻域的个数，δ 指匹配得分的带宽；（2）ATE 的 p 值与标准误均为采用自助抽样法（bootstrap）反复抽样 500 次得到的结果，括号内为标准误；（3）*** 表示在 1% 水平上显著。

从表 8.9 和表 8.10 中的实证数据可知，子女外出务工形式的差异的确会对老人的灵性寄托产生异质性影响。具体而言：一是相对于非留守老人，子女长时间外出务工，带给留守老人灵性寄托水平的负面影响更大，下降幅度为 4.981，并且至少通过了 5% 水平上的显著性检验；相对而言，短时间外出务工对留守父母灵性寄托的负面影响为 2.976，并且至少通过了 1% 水平上的显著性检验。二是相对于非留守老人，子女选择短距离外出务工的留守老人，其灵性寄托水平在某些条件下却出现更高的现象，这意味着子女选择近距离外出务工，带给留守老人的灵性寄托水平的影响，也要大于非留守老人。

综合以上分析可知：（1）子女选择长距离外出务工的留守老人，其灵性寄托水平低于非留守老人。产生这一结果的主要原因可能有以下两点：一是子女长距离、长时间外出务工，意味着子女与父母之间见面时间减少、接触频率降低，虽然子女可以通过转移支付来支持父母生活，但在传统文化背景下，父母就会产生一种因"无用"而被"遗弃"的失落感，心里也没有归属感，会极大消解父母对未来生活意义的乐观倾向，显然不利于留守老人灵性寄托水平的提升。二是随着年龄增长，父母身体机能开始下降，当子女选择长距离、长时间的外出务工方式，会导致子女与留守父母间呈现低频次沟通与交流，留守父母对抗身体机能下降的信心就会下降，再加上独立生活时遇到的生活障碍和困难，导致留守父母对自己生活信心的下降，并伴随自责现象出现，认为"自己活着是多余的""自己是一个累赘"，显然，这不利于留守父母树立起积极的人生价值观。

（2）对子女短距离外出务工的留守老人而言，在某些条件下其灵性寄托水平却高于非留守老人，其主要原因在于：一方面，随着交通便利性的增加，外出时间成本被大大缩短，那么短距离外出务工的子女就可以非常便利地回家，从事农业劳务活动和家庭照顾责任，并会增加与父母进行沟通和交流机会。另一方面，外出务工带来的收入也可以通过转移支付方式支持父母，降低留守父母的灵性寄托负面情绪，同时经济收入的增加也会给父母带来满足感。因此，随着交通基础设施的不断完善，短距离务工甚至有利于提升父母灵性寄托水平。

8.4　影响机理分析

根据前文的梳理分析可知，子女外出务工可能会通过影响父母心理需求寄托、生活照料、社会交往等途径，对留守老人的灵性寄托水平产生负面影响；与此同时，子女外出务工也会通过提高留守老人的收入水平，来提升其灵性寄托水平，进而对农村留守老人的灵性寄托满意度产生积极正面的影响。从理论上探讨逻辑是自洽的，但这几条路径是否真的存在？仍然需要数理层面的证明，只有这样才能保证研究结论的稳健，从而为政府出台相应的政策提供有力的支撑。基于此，本节在理论分析的基础上，借鉴温忠麟等（2004）所采用的中介效应模型，验证理论分析部分的逻辑路径是否存在？若存在，其影响方向又如何？为了回答这一问题，本研究拟采用路径图结合方程的方式，呈现这三者之间的关系及其数理模型关系（见图8.1）。

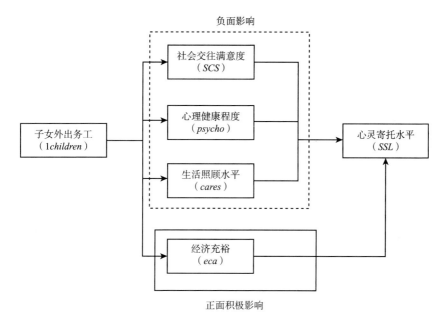

图 8.1　中介效应检验模型

结合图 8.1 的模型，分别进行正、负两个维度逻辑路径的实证检验，具体实证模型如下所示。

第一，子女外出务工通过对社会交往影响这个中介对农村留守老人灵性寄托水平产生的影响。

$$SSL_i = \alpha_0 + \beta_1 1children_i + \theta_i X_i + \varepsilon_i \tag{8.4}$$

$$SCS_i = \alpha_0 + \beta_1 1children_i + \theta_i X_i + \varepsilon_i \tag{8.5}$$

$$SSL_i = \alpha_0 + \varphi_0 SCS_i + \beta_1 1children_i + \theta_i X_i + \varepsilon_i \tag{8.6}$$

第二，通过心理健康程度这个中介变量，子女外出务工决策对农村留守老人的灵性寄托水平产生影响。

$$SSL_i = \alpha_0 + \beta_1 1children_i + \theta_i X_i + \varepsilon_i \tag{8.7}$$

$$psycho_i = \alpha_0 + \beta_1 1children_i + \theta_i X_i + \varepsilon_i \tag{8.8}$$

$$SSL_i = \alpha_0 + \varphi_0 psycho_i + \beta_1 1children_i + \theta_i X_i + \varepsilon_i \tag{8.9}$$

第三，通过生活照料这个中介变量，子女外出务工决策对农村留守老人的灵性寄托水平产生影响。

$$SSL_i = \alpha_0 + \beta_1 1children_i + \theta_i X_i + \varepsilon_i \qquad (8.10)$$

$$cares_i = \alpha_0 + \beta_1 1children_i + \theta_i X_i + \varepsilon_i \qquad (8.11)$$

$$SSL_i = \alpha_0 + \varphi_0 cares_i + \beta_1 1children_i + \theta_i X_i + \varepsilon_i \qquad (8.12)$$

第四，通过经济满意程度的变量，子女外出务工对留守老人灵性寄托水平产生影响。

$$SSL_i = \alpha_0 + \beta_1 1children_i + \theta_i X_i + \varepsilon_i \qquad (8.13)$$

$$eca_i = \alpha_0 + \beta_1 1children_i + \theta_i X_i + \varepsilon_i \qquad (8.14)$$

$$SSL_i = \alpha_0 + \varphi_0 eca_i + \beta_1 1children_i + \theta_i X_i + \varepsilon_i \qquad (8.15)$$

按照巴伦和肯尼（Baron & Kenny，1986）提出的中介效应模型解释，假如理论分析正确，那么子女外出务工对农村留守老人的灵性寄托水平的影响，就会符合上述分析的逻辑机理路径，同时最终的方程也会满足链式中介效应模型并达到显著。具体实证结果如表 8.11、表 8.12 和表 8.13 所示。

表8.11　　　　　　　　　社会交往中介路径分析

项目	模型 1	模型 2	模型 3
	SLS	SCS	SLS
$1children$	− 1. 2471 ** (− 2. 62)	− 0. 0574 ** (− 1. 97)	− 1. 1907 ** (− 2. 27)
SCS			3. 0241 *** (3. 19)
其他控制变量	控制	控制	控制
样本量	897	897	897
adjusted R^2	0. 093	0. 103	0. 104

注：*** 和 ** 分别表示在 1% 和 5% 水平上显著。

表8.12　　　　　　　　　　　　　　心理健康中介路径分析

项目	模型1	模型2	模型3
	SLS	Phycho	SLS
1children	−1.2039 ** (−2.35)	−0.0217 ** (−2.08)	−1.1016 ** (−2.44)
physcho			2.2492 *** (3.08)
其他控制变量	控制	控制	控制
样本量	897	897	897
adjusted R^2	0.082	0.115	0.104

注：*** 和 ** 分别表示在1%和5%水平上显著。

表8.13　　　　　　　　　　　　　　生活照料中介路径分析

项目	模型1	模型2	模型3
	SLS	cares	SLS
1children	−1.1615 ** (−2.37)	0.1002 *** (−3.08)	−1.0826 *** (−3.34)
cares			−2.1039 *** (4.07)
其他控制变量	控制	控制	控制
样本量	897	897	897
adjusted R^2	0.082	0.121	0.103

注：*** 和 ** 分别表示在1%和5%水平上显著。

显然，从表8.11、表8.12、表8.13的实证结果可以看出：

首先，社会交往（SCS）的逻辑路径检验符合理论分析的结论，即子女外出务工确实会通过影响留守老人社会交往满意度这个中介变量，进而影响留守老人灵性寄托水平。主要表现为表 8.11 的模型 1 中子女外出务工变量（1children）前系数为负，且通过了至少 5% 水平上显著性检验，但是在模型 3 中该变量仍然为负，而且也通过至少 5% 水平上显著性检验，这表明社会交往满意度这一中介变量并非单一渠道影响，而是存在其他变量作为中介变量。

其次，心理健康（psycho）的逻辑路径检验也符合理论分析结论，子女外出务工会显著降低父母心理自评健康，进而对留守老人灵性寄托水平产生负面影响，主要表现为表 8.12 的模型 1 中子女外出务工变量（1children）前的系数为负，且通过了至少 5% 水平上显著性检验，但在模型 3 中该变量仍然为负，而且也通过至少 5% 水平上显著性检验。这一结果也符合理论分析结论，表明同时存在其他变量中介渠道；同时，这也恰恰验证了灵性寄托是一个非常复杂，且会受到多种因素影响的概念。

最后，对生活照料（cares）的中介效应检验后发现，在现有的数据条件下，生活照料也是重要的中介渠道，表现为表 8.13 的三个模型中无论是中介变量还是核心自变量至少通过 1% 水平显著性检验。显然，以上的实证结果也证实了假设 H8。

从子女外出务工对留守老人灵性寄托需求的影响机理分析可以看出（见第 4 章），影响老人灵性寄托的因素主要有家庭内和家庭外两个维度。前述内容已实证验证了子女外出务工会通过生活照料水平、心理支持水平和社会交往水平的降低，来降低农村留守老年人的灵性寄托水平，即子女外出务工会对农村留守老人的灵性寄托水平产生显著的负面影响。从理论分析看，一方面，子女外出务工有助于增加家庭的收入，有助于提升家庭的生活水平和生活质量；另一方面，子女将外出务工的部分收入转移给留守老人，有助于降低留守父母的收入流动性约束，从而减少留守老人在经济性收入方面的劳动活动的时间安排，进而有助于提升留守老人的灵性寄托需求感的满足。实证结果也很好地验证了这一逻辑分析，具体结果见表 8.14。

表 8.14   经济充裕中介路径分析

项目	模型 1	模型 2	模型 3
	SLS	eca	SLS
1children	− 1. 1093 ** (− 2. 08)	0. 1171 ** (2. 39)	− 1. 0741 ** (− 2. 37)
eca			− 1. 3817 *** (3. 01)
其他控制变量	控制	控制	控制
样本量	897	897	897
adjusted R^2	0. 091	0. 114	0. 104

注：*** 和 ** 分别表示在 1% 和 5% 水平上显著。

表 8.14 的实证分析结果显示，虽然在模型 1 和模型 2 中，子女外出务工变量（1children）前的系数都显著，并且通过了至少 5% 水平上的显著性检验。但在模型 3 中，中介变量（eca）通过显著性检验，是否存在唯一中介效应，仍需要进一步检验。借鉴杨惠等（2020）做法，构造 Sobel 检验方程：

$$z = \frac{\hat{\alpha}\hat{b}}{\sqrt{\hat{\alpha}^2 S_b^2 + \hat{b}^2 S_a^2}} \qquad (8.16)$$

式（8.16）中，$\hat{\alpha}$ 和 $\hat{b}$ 分别是式（8.14）中的子女外出决策变量（1children）和式（8.15）中的中介变量经济充裕程度（eca）前的系数，S_b^2 和 S_a^2 分别是这两个系数的标准差。

根据以上检验方程，经过计算得到 z = 2.01，并且样本容量为 938。按照 Sobel 的检验标准可知，当样本容量 N > 200 的条件下，z > 1.96，则意味着至少通过了 5% 水平上显著性检验。这说明，该中介效应仍然存在，当然也是非单一途径影响。因此，子女外出务工可以相对提升留守父母收入水平，而收入水平的提升可以满足父母对物质产品需求，当基本的物质产品需求被满足后，自然会出现精神层面的追求，从而获得更高的人生价值和意义。因此，通过提升收入水平来获得更高的灵性寄托水平，是子女外出务工能给留守父母带来灵性寄托水平正面积极影响的重要途径，这也就证实了假设 H9。

8.5 本章小结

大量农村青壮年及富余劳动力，不断向城市集聚和经济发达地区流动，必然会导致农村留守老人群体规模越发巨大。目前，针对这部分老年群体的养老需求影响因素的分析，一直是我国社会科学领域关注的重要问题和热点问题，并由此形成了大量的文献资料和研究成果。但需要指出的是，子女外出务工对留守老人灵性寄托需求的影响究竟如何，目前仍没有准确的结论，已有的关于灵性寄托层面影响的文献，多集中在对"弥留"老人的影响。根据灵性寄托的定义可知，人类在整个生存时间范围内都有灵性寄托的需求，只是在不同阶段对灵性寄托的需求强度不一致。基于此，本书采用了 OLS、PSM 等实证分析策略，集中探讨了子女外出务工对农村留守老人的灵性寄托需求的影响。

理论分析发现，子女外出务工对农村留守老人的灵性寄托，存在正、负两个方面的影响。与此同时，在实证分析过程中也发现以下五个结论。一是，子女不在身边的现状会通过影响老人社会交往、心理以及照顾需求三个维度对灵性寄托产生负面影响。二是，OLS 实证结果显示，子女外出务工对农村留守老人灵性寄托层面需求的净效应为负，即正面积极影响小于负面影响。三是，由于内生性问题的存在，本书引入了倾向得分匹配（PSM）的方法，实证结果显示，负面影响的结论并未被推翻，虽然影响程度收窄，但是负面影响依然存在。四是，在异质性分析过程中发现，相较于子女短时间和短距离外出务工而言，子女外出务工时间越长和外出务工距离越远，对农村留守老人灵性寄托水平的负面影响会越大。五是，在随后的机理分析中发现，子女外出务工会通过负面影响老年人的社会交往、心理需求以及生活照料需求等中介变量，对留守老人的灵性寄托水平产生负面影响，其主要原因在于：子女外出务工，会增加留守老人劳务活动压力，使其承担照顾留守儿童、参与更多农业劳动等事务性责任，这会导致老年人无法安排自己的老年生活，显然，较大的生活压力不利于精神层面需求得到满足；同时，子女外出务工可以为留守老人带来更多的经济收入，有利于留守父母拥有更好的生活条件，并有助于留守老人灵性寄托水平的提高。

总体来看，灵性寄托研究不如生活照料需求、社会交往需求、心理层面需求那么直接，但灵性寄托在老年人的生活中却十分重要。因为，灵性寄托水平直接决定了老年人是否具有一个积极向上的心态和较高意义的生活价值。当前，在农村留守老人越来越多、年龄越来越大的趋势下，研究农村留守老人灵性寄托层面的需求，就更具有现实性意义和重要的社会性价值。当前，农村青壮年劳动力外出务工趋势不可逆转，而如何提高留守老人灵性寄托层面的满意度，以及如何提升农村留守老人养老生活质量，是政府转变职能、提高治理能力的必选项，更是城乡协同发展、实现共同富裕的必然选择。

基于此，结合理论分析内容及实证分析结果，本书认为，中央和地方政府应当积极采取措施，积极消解因子女外出务工对农村留守老人灵性寄托需求所产生的负面影响。首先，加大农村地区公共服务的供给力度。重点围绕农村地区留守儿童照料场所、老年人休闲娱乐层面照顾等内容，加大投入和完善力度，满足更多老年人的照料责任需求、社会交往需求，增加老年人闲赋时间、社会交往时间，从而满足留守老人灵性寄托需求。其次，构建完善的社会保障制度和规范。完善养老、医疗保险的供给可有效缓解留守老人养老的焦虑感，当基础需求被满足，老年人的灵性寄托需求水平就会提升。最后，加快完善户籍管理政策，积极创造父母、子女能与务工人员一同居住的便利条件，减少劳动力外出移动的障碍。如破除城乡居民社会保险障碍，实现城乡居民养老保险一体化发展，确保随子女进城的老年人，能被赋予享受城市居民基本的社会保险权利，促使进城的农村老人能在城市里稳定生活下去。

第9章

研究结论、对策建议及研究展望

本章首先对全书的主要研究结论进行归纳和总结；其次，基于当前我国农村社会发展现实，以及相关的农村养老保障政策，尤其在新的时代背景下，结合子女外出务工对农村留守老人养老需求影响因素的实证分析结果，提出针对性的政策建议，以满足农村留守老人的养老需求；最后，提出本书未来进一步可能的研究方向。

9.1　研究结论

国内外经济发展的实践经验表明，农业国家在向工业化国家转型变迁的过程中，势必会产生大量的农村富余劳动力向城市地区转移，向经济发达地区集聚。这种情形在我国就具体表现为农民工向城市地区和经济发达地区流动。显然，大量农民工的流入给城市和沿海经济发展带来了巨大的经济红利，有力推动了当地经济社会的发展。需要指出的是，由于我国户籍制度存在诸多限制，使得外出务工人员与其父母和子女一起生活在城市存在诸多限制和不便，并由此引发和产生了大量的社会负面问题和不利影响。在传统观念下，农村老人养老主要是以子女支持为主，但是劳动力的大量流出和迁移导致这一传统养老模式受到了极大冲击，来自子女的生活支持开始变得短缺，来自子女的心理支持也变得稀少，来自与子女的沟通交流更是不足，更为严重的是，这种状态会让农村留守老人的精神生活陷入低谷，甚至出现消解人生意义的心态，并让其感觉到人生没有任何意义和价值。无疑，这些问题如果不能及时有效解决，将会对农村留守老人的身心健康带来巨大伤害，更会对农村经济社会的健康发展和稳定带来巨大冲击和挑战。

党的十九大报告明确指出，农业农村农民问题是关系国计民生的根本性问题；子女外出务工所衍生出的农村老人养老需求难以满足的问题，已经成为阻碍农村经济社会稳定发展的重要障碍。因此，如何解决农村留守老人养老需求这一影响农村稳定和发展的大问题，就成为摆在各级政府决策者面前亟须解决的重要问题。笔者认为，解决这一问题的前提和基础是：准确把握子女外出务工对留守老人养老需求产生何种影响，其影响程度到底有多大，影响的背后逻辑机制又是什么。只有准确把握这些，才能从根本上理解这一问题，进而有效解决这一问题，从而有助于提升我国政府社会治理能力，并实现乡村振兴和社会共同富裕等战略目标。

基于此，本书以农村留守老人为主要研究对象，以子女外出务工对留守老人养老需求的影响方向、影响程度和作用机理为研究内容，采用有序Probit、IV-Ordered Probit、得分倾向匹配等实证研究方法，集中探讨了子女外出务工对农村留守老人生活照料需求、心理健康需求、社会交往需求以及灵性寄托需求的影响，并详细探究了以上影响的内部影响机理。本书的研究结论如下：

第一，劳动力流出地农村留守老人的养老需求现状不容乐观。根据对微观调查数据进行理论梳理及结果分析，本书将留守老人的养老需求划分为生活照料、心理健康、社会交往、灵性寄托四个方面，然后从这四个维度对农村留守老人的养老需求进行统计分析。结果发现，无论是从养老现状的整体描述还是从分指标衡量来看，劳动力流出地的农村留守老人养老状况都不乐观，具体是在生活照料需求、心理支持需求以及社会交往需求三个方面都呈现出高比例需求缺口，而灵性寄托层面需求更是在以上因素的影响下呈现出更大的需求缺口。

第二，子女外出务工对留守父母的生活满意度水平带来了显著的负面影响，且这种影响具有明显的异质性特征。首先，子女外出务工时间较长时，留守父母的生活照料需求缺口就会更大，导致留守父母的生活照料满意度水平就会更低；子女外出务工时间越长，与父母分离的时间越久，那么留守父母从子女方面所获得的生活照料服务就会越少，在其他条件固定时，父母的生活照料需求就自然难以得到满足。其次，子女外出务工地较远时，留守父母的生活照料需求缺口也会更大；外出务工的距离越远，与留守父母相聚的次数和时间就越少，留守父母从子女方面所获得的生活照料服务也会越少，在其他条件固定时，父母的生活照料需求自然就难以得到满足。因此，对于农村留守老人而言，子女外出务工会对留守父母的生活照料满意度水平带来负面影响。

第三，子女外出务工，会明显增加留守父母的孤独感，并会显著降低留守父母的心理健康水平。异质性实证分析结果显示，子女外出务工距离越远、外出务工时间越长，这种负面影响就会越大、越明显。其中可能的原因是：一方面，由于农村养老保障相对落后，成年子女赡养父母的经济压力会逐渐增加，为获得更高收入只能选择去城市或经济发达地区务工；同时，父母由于子女外出务工，无法从子女那里获得足够的心理支持，自然会感觉到心理空虚；但需要指出的是，外出务工地点越远、务工时间越长，留守老人的心理空虚程度就会越高。另一方面，子女外出务工能给家庭和留守父母带来更高的经济收入水平，这在一定程度上可以弥补子女外出给留守父母带来的心理空虚感，但子女外出务工会减少对留守父母的日常生活照料，更会降低对留守父母在精神方面的支持和慰藉，同时还会增加留守父母的家务负担，这些都会降低留守父母的心理满足感和心理健康自评水平。

第四，子女外出务工，会显著降低留守老人的社会交往满意度水平，且这种负面影响呈现出显著的异质性特征；同时需要指出的是，远距离务工对留守老人社会交往活动满意度的负面影响更大，与之相反，短距离务工对留守老人社会交往满意度水平的影响会小些。进一步进行机理分析发现，子女外出务工主要通过增加留守老人的事务性劳动方式，如代替子女承担照顾留守儿童、家务劳动以及农业生产劳动等责任，压缩了留守老人的闲赋时间，这显然不利于留守老人的社会交往满意度的提升。同时，正面积极中介效应检验并未通过显著性检验，说明子女的外出务工虽然能够增加留守父母的收入水平，但并不能提升农村留守老人的社会交往满意度水平。

第五，总体来说，子女外出务工，会对留守老人在灵性寄托层面的养老需求带来正、负两个维度方面的影响。其中，子女不在身边的现状会通过影响老人社会交往、心理支持和生活照顾等三个维度对灵性寄托产生负面影响，但会因带给留守父母经济充裕而使其灵性寄托需求得到一定程度的满足，但是净效应仍然未可知。通过 OLS 实证分析表明，农村留守老人在灵性寄托层面产生的需求，其净效应为负，即正面积极影响小于负面影响。考虑到可能的内生性问题影响，本书也引入了倾向得分匹配方法，结果显示负面影响的结论并未被推翻，虽然影响程度收窄，但是负面影响依然存在。随后的异质性分析发现，子女外出务工时间越长、外出务工距离越远的留守老人，子女外出务工对于他们的负面影响越大。随后的机理分析也发现，子女外出务工会通过负面影响留守老人社会交往、心理需求以及生活照料需求等中介变量，从而对留守老人的灵性寄托水平产生负面影响。之所以会产生这一结果，主要原因在于：一方面，子女外出务工导致留守老人劳务活动压力增加，需要承担照顾留守儿童、参与更多农业劳动等事务性责任，这些导致其无法自行安排自己的老年生活，较大的生活压力显然不利于满足其精神层面的需求；另一方面，子女外出务工可以为留守老人带来更多的经济收入，这部分经济收入有利于留守父母拥有更好的生活条件，在面临较少生活层面的困扰后，留守老人的灵性寄托水平显然就会得到提升。

9.2 对策性建议

根据前文分析，在现阶段，子女外出务工对农村留守老人养老需求产生的负面影响已呈现出更加明显和严重的趋势，甚至开始影响到农村经济社会发展的和谐稳定。因此，如何通过政府、社会组织、家庭子女及其老人自身等多方的努力和协作，有效应对农村留守老人的养老需求困境，将成为政府制定未来农村经济发展战略、社会稳定政策以及完善农村养老保障制度的痛点和方向。基于此，结合子女外出务工对留守老人养老需求影响因素的实证分析结果，尤其针对农村留守老人养老需求所存在的问题，本书提出相应的解决思路和应对策略。

9.2.1 优化农村养老保障设计，建立健全多元化的养老保障体系

依托传统养老观念建立起来的农村养老体系，已经不适应当前社会发展现实和农村养老现状。根据前文分析可知，农村老人养老需求已经不仅仅局限于生活照顾层面，而是更多地体现在心理、社会交往及自我成就等层面。若继续沿用过去的养老保障政策及制度，继续将关注的重点仅仅聚焦于满足农村老人的基本生存需求，可能无法有效应对农村留守老人多样化的养老需求。因此，政府需要积极转变职能，强化乡村社会治理能力提升，通过不断优化农村养老保障设计，积极建立健全多元化的养老保障体系，这不但是农村养老保障服务体系建设的重要内容，也是确保农村留守老人养老需求得以满足的前提。

1. 提升农村基础社会养老保险保障水平

各地方政府应结合当地经济发展现状，根据不同层次养老保险缴费情

况，适时提升农村地区老人不同层次社会养老保险的保障水平，降低农村老年人的养老负担，尤其对于有子女外出务工的农村留守老人而言更是如此。实证分析结果显示，对于农村留守老人来说，无论是生理需求、社会交往需求、心理需求还是灵性寄托需求，这些养老需求的满足都与其自身的经济收入存在显著的正相关关系。因此，提升农村地区老年人的社会养老保障水平，可以显著提升其经济收入的满意度，进而有助于老年人更高层次需求得到满足。若没有基本生活水平的提升，那么其他维度的养老需求就无法得到满足，因此提升农村养老保险给付水平应当是满足农村留守老人生活生存需求的第一步。

需要指出的是，若单方面提升养老保障水平，而忽视制度的可持续性，这样的政策设计肯定会面临无法执行的困境。要确保农村养老保障制度的可持续性发展，需要从以下三方面来执行：首先，鼓励经济发达地区政府在支付层面积极提高政府的财政援助水平；其次，鼓励子女根据国家基础养老金的调整幅度，适当提升留守父母的农村社会养老保险缴费水平，从而提升未来老年人养老金的给付水平，进而提高留守老年人的经济收入水平；最后，建立基于保险精算养老金动态调整机制，根据地方经济社会的发展，参照城镇职工养老基金调整机制，建立符合本地基础社会养老保险金调节机制，让农村老人，尤其是留守老人，能共享经济社会发展的成果。

2. 建立健全养老金可携带机制

总体来说，当前户籍制度在劳动力流动过程中依然扮演着负面角色，但是随着户籍制度改革的持续推进和深化，劳动力流动的限制会逐渐减少，父母随子女一起生活的积极性会不断增加。但需要指出的是，现有的农村社会养老基金管理机制不利于老人随子女一起生活，尤其对于跨省流动的子女而言，省际养老金支取流程比较烦琐，这大大降低了父母随子女一起生活的意愿。因此，完善农村社会养老保险机制，理应涵盖建立健全养老金可携带机制。具体而言，可以从以下两个方面进行：

一方面，建立养老金可携带机制。针对农村养老保险基金跨省转移困难的问题，建议打通省际农村养老基金转移界限，打破养老金自由流动的地域限制和制度、政策藩篱，实现人、账户和钱一起流动的携带机制。

另一方面，减少社会养老金转移的行政审批障碍。根据前期调研发现，留守老人社会养老金转移需要多个部门审批，才能转移个人账户资金，这对于农村低学历的老人而言太过烦琐，而且事事都需要老人到场，需要提供多份证明材料，这显然不利于农村老年人的社会保障基金转移。因此，建议减少审批程序或者一并处理，从而减少老年人的负担。

3. 推进多元化的"医养结合"养老服务模式

根据前文分析，子女选择外出务工后，农村留守老人不但无法及时获得子女的生活照料，而且还需要承担更多的日常家务劳动、农业生产劳动和隔代子女照顾等繁重责任，导致留守老人的身体机能下降较快，患各种慢性病和重疾病的概率显著增加，实证调查数据也支持这一论断。需要指出的是，疾病是产生心理疾病、消解人生意义和人生价值的重要诱因。因此，加强医疗保障水平也是提升农村留守老人身心健康的关键环节。基于此，需要将医疗资源和养老资源纳入同一体系，形成多元化的"医养结合"养老服务新模式。

首先，在政府财政允许的条件下，构建多元化的"医养结合"养老服务新模式。多元化是指以福利性质的"医养结合"养老服务事业为主导，民办公助的社会公益性质的"医养结合"养老服务事业为辅助，民办民营的轻盈利重服务取向的"医养结合"养老服务事业为补充的综合性医疗养护中心。在构建过程中，积极完善政府、社会组织、新闻媒体及农村居民等多元主体的协同参与机制，不断加强"医养结合"养老服务模式的推进与宣传，引导农村老人对新时代养老理念的认识，宣传"医养结合"养老服务模式的好处与优点，转变传统农村养老观念，让更多的老年人加入"医养结合"养老服务的新模式中，不断满足农村留守老人在生活照料层面的养老服务需求。

其次,扩大医疗保险报销的覆盖范围。医疗保险的报销不能仅局限于一些重症的治疗资助,还应将更多的资源用于覆盖常见病、慢性病,从疾病初期就开始纳入治疗,而且将保险覆盖范围扩展到一般性保障项目,如康复治疗、一般性卫生保健等费用都应纳入医疗保险的范畴,以有效降低农村老人的经济、心理预期成本。

再其次,为购买补充性商业医疗保险的农村老人提供财政补贴。在现有社会医疗保障体系下,"新农合"并不能完全覆盖老年人所有的医疗支出,这也不是"新农合"的初衷;而商业医疗保险可以在"新农合"的基础上提供更大、范围更广的医疗保障。因此,在财政允许的条件下,地方政府可以为购买商业医疗保险的农村居民提供财政补贴,对于子女外出务工的农村留守老人而言更应如此,以减轻外出务工子女的生活照料压力;与此同时,通过财政补贴将更多的老人纳入商业医疗保险范畴,减轻老人生病的经济负担,降低老人在生活照料层面的养老需求,进而促进留守老人以更轻松、更愉悦的心态进行养老。

最后,提供各种优惠政策,引导各类保险公司,构建农村老人商业性长期护理保险制度,将老人的医疗、养老、护理等有效结合起来,形成个人、政府、保险公司等多主体共同分担的保险机制,有效提高留守老人养老的支付能力,从而让其获得较高的个人养老服务质量。

4. 积极推动专业化养老服务机构建设

一是对企业资质、产品质量和社区服务状况进行严格检测和监控,确保涉足养老产品运营的企业为农村社区老年人提供优质、实惠的养老产品;二是专业的家政服务公司为农村社区的正常运行和老年人的日常生活提供高效的支持和优质的服务;三是医疗中心为专业社区提供专业服务,为农村老年人提供医疗康复、医疗保健、慢性病预防、身心治疗和陪护服务,及时解决农村留守老人养老面临的"心""灵"等方面的问题。

9.2.2 强化农村社区建设，提高养老保障服务的供给水平

根据第 6 章的实证分析结果看，邻里关系对老年人的生活照料需求呈正相关性，而社会养老服务设施未出现显著正相关关系。但需要说明的是，本书选取的是老年人所在地是否有老年活动中心为指标，显然财政支持和投入的不足极大地影响了农村老年活动中心的建立。同时，经过实证调查也发现，现有的农村社区养老服务设施大多比较落后和缺乏，且绝大部分设施因各种原因未对外开放，从而导致了农村留守老人无法就近参与各种社会交往活动，如串门聊天、棋牌活动等。显然，农村社区公共服务性质基础设施的缺乏，一直是制约农村留守老人养老需求得到满足的关键问题，尤其对农村留守老人的社会交往需求、心理支持需求以及灵性寄托需求等方面的影响都较大。因此，若要缩减子女外出务工所产生的各种养老需求缺口，就需要加大农村社区公共基础设施的投入，提升现有公共服务基础设施的利用效率，不断完善农村社区公共基础设施服务功能发挥的保障机制。

1. 加大农村公共服务基础设施的建设和投入

随着"乡村振兴战略"的持续推进，农村基础设施建设的投入强度也在不断加大，"村村通公路""农村道路硬化""电网改造"等工程已经取得了非凡成就，并获得了农村老百姓的普遍欢迎和支持。但是，目前农村基础设施建设的重点仍集中在功能性方面，而对于社会属性的基础设施建设，如广场、图书室、娱乐室等设施的建设投入严重不足。当然，这与当地的经济社会发展水平直接相关。在早期阶段，基础设施建设当然更偏向于能直接推动当地经济发展的方向，随着农村功能性基础设施建设的不断完善，社会性的基础设施建设也应纳入规划建设范畴，完善的社会性基础设施建设不仅有利于丰富农村的精神文明生活，而且对于农村留守老人而言，也是重要的满足自身多样化养老需求的重要平台和实现途径。因此，

政府应当在功能性基础设施不断完善的条件下，增加农村社会性基础设施建设的投入力度，如增加健身广场、图书室、娱乐室等社会性基础设施建设的投入力度，以满足农村居民不断提升的更高层次的养老需求。显然，强化农村公共服务性基础设施的建设和投入，是农村留守老人在心理支持层面、社会交往层面、灵性寄托层面得到满足的重要策略和手段。

2. 提升现有农村公共服务基础设施的利用效率

前期调研及实证分析发现，现有的农村公共服务性质的基础设施利用效率并不高，这是造成农村留守老人社会交往需求、灵性寄托需求难以满足的重要原因。这一问题突出表现为，虽然部分村镇建立了自己的公共服务设施，但是村集体考虑到维护成本问题，很多情况下把这些基础设施进行闲置关闭，导致农村公共服务基础设施的利用率变得非常低下，从而造成公共服务资源的浪费。因此，需要提升这部分已建基础设施的利用效率，全面发挥其为农村居民养老娱乐的服务功能。具体实施策略包括：首先，针对这些基础设施的维护提供专门的资金支持。从资金支持层面解决基础设施利用效率不高的问题，缓解村集体组织的成本焦虑问题，减少因维护成本问题而选择关闭公共服务基础设施的现象。其次，依托农村公共服务设施增加村民共同活动的机会。根据调研发现，造成这些基础设施利用效率低下的另一个重要原因，在于缺少相应的集体活动。目前，依托这些设施所开展的活动更偏向于自发组织，活动范畴仍局限于"打扑克、打麻将、聊天"等休闲娱乐项目，但是这些活动对于留守老人而言，显然无法满足其多样化的养老需求。因此，当地村集体可以组织一些其他活动，例如针对老年人的书画培训、健身培训、舞蹈培训、文艺演出等活动，不断丰富农村老人的业余文化生活，全面提高农村留守老人养老的社会交往、心理健康及灵性寄托水平。

3. 完善农村社区公共服务基础设施功能发挥的保障机制

农村社区公共服务基础设施的建设和完善，离不开政府的规划、支持和引导，尤其是财政资金的投入更是其中的关键环节。但需要指出的是，农村社区公共服务基础设施虽然是公共产品，但要确保其持续发挥养老娱乐的服务功能，政府需要积极引导其他社会主体参与，不断完善农村社区公共服务基础设施的运营服务保障机制。首先，降低养老服务机构进入农村社区的门槛和成本。一方面，需要政府尽量简化和优化非营利性质养老服务机构进入农村社区的审批环节和程序，为优质的社会资本、慈善组织、志愿者组织等养老服务供给方提供公平和便利的参与条件。另一方面，对参与农村社区养老服务供给的非营利性组织、机构及个人等主体，给予一定的税收优惠政策，有效降低其运营成本。其次，将农村社区的建立和完善纳入地方政府的财政预算专项资金中。专项资金可主要用于以下两方面。一是农村社区养老服务基础设施的建设和活动设备的购买，为农村老人的活动提供良好的硬件；二是农村社区养老保障服务工作人员的培训、学习、工资及福利等，为农村社区运营管理提供优秀的软件。最后，扩大农村社区建设的资金筹措方式。农村社区建设除政府提供的财政预算专项资金外，还需要拓展其他筹资渠道，包括养老基础设施的投资收益、社会捐助类资金等，都可以作为农村社区建设的资金筹集来源。显然，完善农村社区公共基础设施服务功能发挥的保障机制，有助于农村留守老人在心理支持需求、社会交往需求层面的满足，有助于减轻子女外出务工给留守老人灵性寄托需求所带来的负面影响，进而增强留守老人在灵性寄托层面养老需求的满足。

9.2.3 完善农村未成年子女照料体系，减轻留守老人的照料压力

从前文分析可以看出，对未成年孙辈的隔代照料责任会占据留守老年人的大量闲暇时间，而留守老人用于满足心理健康、社会交往和灵性寄托层面的养老需求时间就会被严重压缩和挤占，因此留守老人在这几个方面

的养老需求无法得到满足且存在较大缺口就成为必然。与此同时，从实证调查资料可以看出，大部分农村留守老人是小学或初中学历，自身教育能力、教育资源和教育方法的不足，会给农村未成年子女的成长带来负面影响，亲情缺失的未成年子女多体现出性格孤僻、沟通困难、迷恋电子设备、沉迷网络游戏等诸多问题。因此，减轻照顾未成年子女的责任，增加留守老年人的闲赋时间，是满足农村留守老人多样化养老需求的重要路径和手段。鉴于此，针对实证调查过程及资料分析结果，本书认为建立和完善农村未成年子女照料体系是当前极为重要的工作思路和政策选择，这不仅有助于解决当前由农村未成年子女所引发的各种社会性问题，还有助于减轻农村留守老人的隔代照料压力，进而提升其在心理支持、社会交往和灵性寄托等养老需求层面的满足和正效应。

1. 加强农村未成年子女教育资源的投入

根据调研，伴随经济社会的快速发展，农村学龄儿童规模在急剧减少，地方政府为了优化资源配置，提高当地教育质量，很多乡村小学已经被取消，农村的大多学龄儿童都需要进入当地镇中心学校接受教育。显然，在促进当地教育资源整合，提升教育水平和质量的同时，随之带来的却是增加了农村未成年子女家庭的经济负担和受教育成本。因此，加强农村未成年子女教育资源的投入，需要侧重于资金、师资及各种设施设备的投入，在提高教育水平和质量的同时，还需要减轻农村未成年子女的教育成本。

首先，加强财政投入力度，设立专项资金，提高镇中心学校教育的硬件水平。修建宽敞明亮的教室、专业化的体育活动场所、现代化的教学设备等，为未成年子女接受高水平的义务教育奠定良好的基础；同时，根据当地经济发展水平，加大资金投入力度，解决好农村未成年子女在学校"吃"的问题，提高未成年子女的生活质量，减轻农村未成年子女家庭的经济负担。

其次，加强师资队伍建设，提高教育服务水平，增强镇中心学校教育的软件质量。一方面，加强师资队伍建设，提高教师收入水平。通过政策引导和资金支持，让更多更优秀的人员进入镇中心学校的教师队伍，从而让农村未成年子女不但能就近入学，而且入学后就能接受到高水平的师资教育；另一方面，促进城镇教育资源及过程的共享，如镇中心学校教师可以共享城市优秀教师的优质教学资源，学生也可以同步接受城市优秀教师的授课过程，从而解决好农村未成年子女教育"学"的问题。

显然，通过强化农村未成年子女教育资源的投入，全面提升镇中心学校的教育水平和教育质量，避免城镇教育质量和教育水平的严重分层和差距拉大，从而有效解决子女外出务工后，给留守父母所带来的隔代照料责任的增加，有利于农村留守老人心理健康、社会交往和灵性支持等养老需求的满足。

2. 积极引入留守儿童社会教育服务机构

从社会支持理论看，农村留守儿童作为社会弱势群体，他们受教育权利的享有是需要社会网络的支持，而社会支持网络所涉及的参与主体包括政府、学校、家庭和社会等四个方面。显然，子女选择外出务工后，为减轻农村留守老人的隔代照料压力和责任，积极引入留守儿童社会性教育服务机构，是其中的重要手段和应对策略。一方面，降低进入门槛。积极降低针对农村未成年子女生活照料的服务机构的进入门槛，减少其经营成本，为其营运选址、招生、宣传、贷款等方面提供公平和便利的条件；另一方面，引导高质量的非学科社会教育服务机构进入。一般来说，在每年的寒暑假和每周的周末，留守儿童从学校回到家里后，多与留守在家的爷爷奶奶一起生活，缺少与外在环境的沟通交流，各种自我认知和是非观念存在偏激和错误，同时长期缺乏父母的亲情陪伴，这会导致农村未成年子女容易产生性格孤僻、认知错误、行为极端、沉迷网络游戏等各种社会问题。因此，需要引入社会非学科教育服务机构，引导这些未成年子女参加各种体育运动、智力游戏等，充实他们的业余生活，培养其健康爱好和兴趣特长等，积极促进留守儿童综合素质的全面提高，这有助于解决农村未成年子女教育如何"学好"的问题。显然，引入留守儿童社会教育服务机构，可以有效减轻农村留守老人的隔代照料责任，给留守老人在心理支持、社会交往以及灵性寄托等方面的养老需求满足带来正效应。

3. 拓展现有学校教育服务范围和内容

根据经济社会发展的演进逻辑看，劳动力流出地青壮年及富余劳动力外出务工趋势不可逆转；同时，对于留守未成年子女的生活照顾和教育责任，农村留守老人显然是无法很好承担的。因此，基于这一社会现实，在强化教育资源投入和引入社会教育服务机构的同时，还需要积极拓展现有学校教育服务的范围和内容。一方面，扩大教育服务内容。镇中心学校作为未成年子女教育的主要供给方，在履行好最基本的义务教育责任的同时，还应适时扩大自己的教育服务范围。如在传授基本的课程知识外，可以组织专门的老师，对未成年学生进行兴趣引导和爱好培养，积极拓展留守儿童的认知范围，培养留守儿童的课外学习兴趣，全面提升这些学生的综合素质和综合能力。另一方面，拓展教育服务范围，强化农村未成年子女留校寄宿制建设。对于留宿的未成年子女配备优秀且有责任感的老师，为这些留宿学生及时解决学习、生活和心理等方面的问题，做好农村未成年子女教育"住"的问题，减轻农村留守老人隔代教育的压力和责任。显然，拓展现有学校的教育服务范围和内容，不仅可以减轻农村留守老人隔代照料的负担，还有助于提高农村未成年子女的教育水平和质量，更能有效避免留守子女各种心理问题、社会不良习惯等社会问题的养成和出现。

9.2.4 深化户籍制度改革，减少劳动力流动的制度障碍

随着经济社会的快速发展，政府在统筹城乡发展，深化户籍制度改革方面，出台了一系列的政策措施，有效缩减了城乡社会发展的不平衡。需要指出的是，政府在转变职能、强化治理能力提升等方面，虽然取得了显著成效，但囿于户籍制度限制所引发的农村劳动力流动障碍依然存在，并

没有得到有效解决和消除，并由此导致农村未成年子女很难随外出务工父母顺利就近入学，从而严重阻碍了农村劳动力的自由流动。

根据前文分析可知，由于家中未成年子女很难随外出务工父母就近顺利入学，导致外出务工人员只能将其子女进行留守，并将未成年子女的生活照料、习惯引导、知识教育等监护责任转给了家中的留守老人。留守父母的闲暇时间因此被大量挤占，从而导致留守父母的社会交往、灵性寄托等层面的养老需求难以得到满足。因此，积极深化我国户籍制度改革，减少未成年子女随父母就近入学障碍，降低未成年子女随外出务工父母一起自由生活的门槛，将是政府转变职能、强化社会治理能力提升的必然选择和工作重点。

笔者认为，积极放宽城市公立学校的准入门槛和入学标准，保障农村流动人口的未成年子女能获得公平的教育资源，是减少农村劳动力流动障碍的重要举措。具体应对策略包括：一是降低流动人口子女的入学标准。主动将随迁子女教育纳入财政保障范围，积极简化随迁子女入学流程和证明材料要求，最大限度地保障随迁子女能得到公平接受教育的机会。二是减少随迁子女的融入困难。坚持以公立学校为主的方式，安排随迁子女就近入学；同时对随迁子女入学后，积极坚持混合编班和统一管理，坚决杜绝公立学校针对随迁子女收取额外费用，从而有效促进随迁子女能顺利融入班级、学校和父母工作地的城市和社区。三是强化流动人口家庭的监管主体责任。未成年子女跟随外出务工父母就近入学后，外出务工父母也需要依法履行监管主体责任，促进父母履行好随迁入学子女的监护责任，保护未成年子女的合法权益不受侵害。

9.2.5 完善老年关爱服务体系，提升农村留守老人的养老服务水平

从前文分析可知，子女选择外出务工后，农村留守老人大多面临家庭

割裂、精神孤独、照料缺乏和病痛折磨等问题，因此，需要积极完善我国老年关爱服务社会支持体系，以提升我国农村留守老人在生活照料、心理支持等养老需求层面的服务水平和能力。

1. 积极强化政策支持，保障关爱服务体系建设

由于外出务工子女在个人学历、能力、技能以及综合素质等方面存在不足，导致其多从事一些体力型和劳动密集型的工作岗位，因此外出务工子女的工资收入水平普遍较低。显然，经济拮据让外出务工子女不但无法及时为农村留守父母提供足够的经济支持、生活照料和心理支持等层面的养老需求，还将导致家庭长期呈现割裂状态。面对这一现实，需要政府积极强化政策支持，不断促进农村养老关爱服务体系的建设和完善。具体策略包括：首先，积极推动农村经济发展，通过依托乡村振兴战略，不断繁荣农村经济，积极做大做强农村产业，持续完善农村服务，从根本上解决农村留守老人养老所面临的经济困境问题；其次，加强农村新型合作医疗、养老保险、最低生活保障、医疗救助等制度体系建设；最后，强化政府及相关部门的制度供给、政策扶持和法规监管，把政府部门、企事业单位、社会组织及个人等多种力量，有效整合到老年人关爱服务体系建设中，为农村留守老人的养老需求服务提供坚实的社会基础，以获得广泛的社会关爱和支持。

2. 建立健全自助服务组织，增强留守老人自我身心的关爱感受

农村留守老人自助服务组织的建立，可由政府各基层组织对自助组织的建立、运行、管理及服务等，进行政策支持、设施提供、资金资助、资源整合以及服务内容优化等，自助组织的负责人可由村社中德高望重之人承担，主要的管理人员则由村社的老人进行民主决定。涉及的服务内容主要包括组织协调村社中的老年人活动、老年人养老服务以及村社中相关事务决策等内容，利用老年人的经验、见识和能力，形成"我为人人，人人为我"的良好氛围，让留守老人积极参与并主动发挥价值，以体验到自我被社会的关爱和尊重，从而获得强烈的价值认同感和人生意义获得感，有助于农村留守老人在社会交往和灵性寄托层面养老需求的满足。

3. 引入养老专业化服务，壮大社会关爱力量

农村留守老人关爱服务体系的建立和完善，需要政府及其职能部门积极协同政府、市场、社会组织、自助服务组织及个人等力量，引入专业化的养老服务，从而壮大养老服务的关爱社会支持力量。具体策略包括：首先，政府向市场购买关爱老年人的专业化服务，以支持市场培育养老服务专业化队伍，避免政府进行单一、高成本的服务，从而通过市场力量向农村留守老人提供低成本的关爱需求和供给。其次，壮大养老服务志愿者队伍，并根据志愿者的专业特长进行针对性培训，使其在生活照顾、心理辅导、医疗护理、健康照料等方面发挥积极作用，全面提高留守老人的心理满足感和人生价值的意义。最后，引入社会慈善机构、组织及个人，汇集各种社会关爱力量，拓展关爱服务资金来源，不断壮大农村留守老人养老关爱服务体系的力量和实力。

9.2.6 树立新的养老理念，增强留守老人的自主养老能力

从前述研究可以看出，农村留守老年人群体的出现，其主要原因是农村经济发展落后，家庭收入水平低。目前，家庭养老依然是农村留守老年人的主要选择，他们需要外出子女提供一定的经济支持，以满足家庭、孙辈及老年人的生活需求。但需要指出的是，在面对我国农村养老保障还存在保障水平低、覆盖面窄、农民参与性不高、碎片式管理和监管不严以及市场失灵现象时有发生的情况下，政府需要积极引导老年人摆脱传统思想禁锢，树立新的养老理念和正确的养老意识，增强留守老人的独立意识和自强意识，持续提升留守老年人的自主养老能力，从而以多维度去满足农村留守老人生活照料、心理支持、社会交往、灵性寄托等方面的养老需求。

1. 树立新型养老观念

笔者认为，新型养老观念的树立要从以下两方面着手。一方面，需要从传统单一的经济供养，逐渐融入精神慰藉、社会支持和灵性寄托等层面的养老，以形成内涵更丰富的复合型养老。另一方面，农村居民要改变传统的"养儿防老"观念，逐渐转变到"自我养老""机构养老""社保养老"等新观念中来，以化解家庭养老保障功能弱化所带来的不利影响。

2. 树立正确养老意识

首先，树立自我主体意识。老年人与社会其他的人都具有平等的地位，都有被他人尊重的权利，不能陷入老年人养老问题就是自我问题的思维，而是需要主动去表达自己的养老需求，去维护自己作为社会公民的养老权利。其次，提高自我认知。通过丰富多样的培训学习，可以不断舒缓老年人内在的心理压力，通过自信心的提高，来提升自我被社会需要和认同的感觉，并促进与邻居、其他人群的交流和互动，实现农村留守老人从被动养老向主动养老转变。最后，树立正确的健康意识。受传统农村社会经济和文化教育发展的滞后，农村老年人的自我健康意识普遍较差，身心保健及护理的投入极其有限，农村留守老人需要主动改变以往"小病可以忍，大病不能医""重视身体疾病，忽略心理健康"的习惯性做法，积极树立健康意识，加大平时身心健康的维护和保养，规避积劳成疾、小病变大病的健康风险。

3. 改变日常不良生活习惯

农村留守老人可以通过健康的行为方式和生活习惯来促进老年人晚年养老时的身心健康。一方面，养成良好的生活习惯、合理安排饮食和主动加强身体锻炼，可以预防或减轻疾病和病痛的折磨；另一方面，重构老年人晚年生活方式，主动参加各种休闲娱乐活动，可以解决日常的生活压力，可以规避子女外出所引起的孤独寂寞的心理压力，促进老年人保持乐观、积极向上的生活态度，强烈意识到自我晚年生活的价值和人生的意义。

9.3　研究展望

在理论分析的基础上，本书综合微观调查数据，利用多种定量研究方法，实证分析了子女外出务工对留守老人养老需求的影响程度及影响机制，同时也分析了不同外出务工距离和不同外出务工时间条件下的异质性影响特征。虽然实证研究结果证实了子女外出务工对留守老人的养老需求产生了不同程度的影响，并针对农村留守老人养老需求存在的问题提出了针对性的建议和解决策略；但就整体而言，由于调查成本和研究方法的限制，导致本书存在一定程度的经验性研究，这也是本书后续需要着重改进和提升的方面。具体而言，研究存在的不足主要体现在以下两个方面：

一是微观调查面板数据的缺少，导致实证研究估计偏误问题依然存在。限于调查成本限制，本次微观调查主要选择了 2017 年的截面数据，虽然通过特定的方法可以降低实证估计偏误，但是截面调查数据本身特征决定无法消除估计偏误。并且调查问题由于调查成本的原因没有设计过多，限制了进一步的机理分析，这些也在一定程度上限制了本书的现实意义。

二是微观调查对象受限，导致影响分析不够全面。由于调查人员及调查时间的限制，本书的调研对象主要集中于农村的老年人个体，而对于影响老年人养老需求的其他微观个体和组织并未全面纳入实证调查内，例如老年人的子女信息、农村社区信息等，这部分信息对于留守老人养老需求的分析也非常重要，这部分信息的缺少，会导致对留守老人的养老主体、影响因素及作用机制等方面的分析还不够深入，恐会导致对农村留守老人的养老需求分析存在缺陷和不足；与此同时，缺少对农村养老机构的老人养老需求问题的问卷调查和相关数据收集，这部分数据的缺失，也不利于获得完整和全面的农村留守老人养老需求影响因素研究的结论。但需要指出的是，伴随我国乡村振兴战略和共同富裕战略的全面实施和推进，强化对农村留守老人养老需求问题的实证调研将具有重要的意义，完善农村养老的主体和客体的数据调研更是必然之举，届时对子女外出务工对农村留守老人养老需求的影响研究，也将会更加科学和全面。

参 考 文 献

[1] [美] 爱利克. 埃里克森.1970. 整合与完美埃里克森论老年 [M]. 北京：中国人民大学出版社.

[2] 白玉琴.2012. 土地信托——农村养老方式的探索 [J]. 深圳大学学报（人文社会科学版），(3)：128-132.

[3] 毕红霞.2011. 农村社会保障的财政支持研究 [D]. 泰安：山东农业大学。

[4] 毕红霞，薛兴利.2012. 论农村最低生活保障财政支持的适度性与政策优化 [J]. 农村经济问题，(1)：29-36.

[5] 边恕，黎蔺娴，孙雅娜.2016. 社会养老服务供需失衡问题分析与政策改进 [J]. 社会保障研究，(3)：23-31.

[6] 蔡昉.2018. 中国经济改革与发展（1978—2018）[M]. 北京：社会科学文献出版社.

[7] 蔡丽丽，王会英.2018. 胃癌病人灵性照护需求现状及影响因素 [J]. 护理研究，32 (21)：3463-3466.

[8] 陈成文.1999. 社会弱者论：体制转换时期社会弱者的生活状况与社会支持 [M]. 北京：时事出版社.

[9] 陈锋，周朝阳.2012. 农村留守老人问题探析 [J]. 西南石油大学学报，(1)：53-62.

[10] 陈劲松.2013. 当代灵性社会工作的理论与实践初探 [J]. 社会工作，(4)：16-26.

[11] 陈琳莹，蚁淳.2011. 广东 142 位留守老年人心理健康现状调查

分析 [J]. 卫生软科学, (10): 712 – 714.

[12] 陈璐, 谢文婷. 2019. 农村成年子女外出务工对留守父母健康的影响研究 [J]. 人口学刊, (4): 84 – 93.

[13] 陈铁铮. 2009. 当前农村留守老人的生存状况——来自 258 位农村老人的调查 [J]. 湖北社会科学, (8): 57 – 60.

[14] 陈乙酉. 2018. 中国流动人口社会保障问题研究 [D]. 重庆: 重庆大学.

[15] 陈志光. 2016. 农业专业人口长期居留意愿研究 [J]. 山西师范大学学报, (4): 147 – 156.

[16] 程承坪, 吴琛. 2018. 健康战略下发达国家发展养老健康产业借鉴研究——以美国、德国、日本为例 [J]. 当代经济管理, 40 (3): 83 – 88.

[17] 程强. 2012. 人口老龄化下的养老产业发展 [J]. 劳动保障世界 (理论版), (12): 33 – 35.

[18] 崔少博. 2018. 农村留守老人养老问题研究——以河北省武邑县为例 [D]. 保定: 河北农业大学.

[19] 党力, 李怡达, 彭程. 2017. 供给侧改革的探索与创新——欧美经济转型的历程与我国的策略布局 [M]. 北京: 人民邮电出版社.

[20] 道格拉斯·C. 诺斯. 2014. 制度、制度变迁与经济绩效 [M]. 上海: 格致出版社.

[21] 邓大松, 丁怡. 2014. 失地农民被征地满意度的主要因素及政策建议——基于调研湖北省宜昌市 227 个农户的实证分析 [J]. 理论月刊, (10): 162 – 165.

[22] 邓大松, 李琳. 2009. 中国社会养老保险的替代率及其敏感性分析 [J]. 武汉大学学报 (哲学社会科学版), (1): 97 – 105.

[23] 邓玉坚, 唐海波. 2016. 独居老人灵性照顾的问题向度与干预策略 [J]. 法制与社会, (13): 175 – 177.

[24] 丁建定. 2017. 改革开放以来党对社会保障制度发展道路的认识

［J］．社会保障研究，（2）：20－26．

［25］杜鹏，丁志宏，李全棉．2004．农村子女外出务工对留守老人的影响［J］．人口研究，（6）：44－52．

［26］杜卫萍．2017．社会工作介入农村留守老人精神慰藉的个案研究［J］．人力资源管理，（3）：174－175．

［27］多亚尔，高夫．2008．人的需要理论［M］．北京：商务印书馆．

［28］菲利普．科特勒．2001．营销管理［M］．北京：中国人民大学出版社．

［29］冯超．2013．从社会学视角看孝道的变迁［J］．现代交际，（6）：7－8．

［30］冯俏彬．2016．供给侧改革：核心是制度创新与制度供给［J］．政策瞭望，（5）：18－25．

［31］冯俏彬，贾康．我国供给侧改革的背景、理论模型与实施路径［J］．经济学动态，（7）：32－38．

［32］福鹏．2014．农村留守老人的社会支持系统研究［D］．武汉：华中师范大学．

［33］付士波，杨素雯．2018．增权视角下农村留守老人服务体系的构建与实现路径［J］．山东广播电视大学学报，（10）：27－31．

［34］付小鹏，许岩，梁平．2019．市民化农业专业人口更幸福吗？［J］．人口与经济，（11）：49－53．

［35］高瑞琴，叶敬忠．2017．生命价值视角下农村留守老人的供养制度［J］．人口研究，（2）：30－41．

［36］宫汝飞．2018．农村留守老人孤独感对其生命质量的影响：希望和自我效能的中介作用［D］．沈阳：中国医科大学．

［37］辜胜阻，吴华君，曹冬梅．2017．构建科学合理养老服务体系的战略思考与建议［J］．人口研究，（1）：3－14．

［38］顾洋洋．2017．供给侧改革视野下农村养老服务供给研究［J］．湖北农业科学，（9）：68－72．

[39] 顾永红.2014.农村老人养老模式选择意愿的影响因素分析 [J].华中师范大学学报（人文社会科学版），（3）：9-15.

[40] 郭海清.2008.解决农村社会保障基金不足的根本办法是开征社会保障税 [J].农村经济，（8）：82-84.

[41] 郭廓.2011.农村留守老人社会保障制度构建的多维主体分析 [J].安徽工业大学学报（社会科学版），（6）：16-17.

[42] 郭瑞英.2016.农村养老保障的政府责任：演进逻辑及体系选择 [D].南京：南京大学.

[43] 郭申阳，马克，W.弗雷泽.2012.倾向值分析：统计方法与应用 [M].重庆：重庆大学出版社.

[44] 郭文娟.2013.中国农村养老模式研究综述——基于CSSCI期刊（2000-2013）的研究 [J].山西农业大学学报（社会科学版），（11）：42-48.

[45] 郭永芳，马强.2010.农村留守老人养老的财政支持政策——基于安徽省阜阳市的调查结果分析 [J].当代财经，（7）：25-31.

[46] 郭永芳.2014.农村劳动力迁移时间对留守老人养老的影响 [J].安徽工业大学学报（社会科学版），（6）：16-17.

[47] 国家行政学院经济学教研部.2016.中国供给侧结构性改革 [M].北京：人民出版社.

[48] 国务院发展研究中心课题组.2017.中国民生调查（2017） [M].北京：中国发展出版社.

[49] 韩芳，武涵文.供给侧改革视角下的京郊农村养老服务现状及问题分析 [J].河北农业科学，（3）：88-90.

[50] 韩振秋.2021.乡村振兴战略视野下的农村留守老人养老困境及化解策略 [J].中共石家庄市委党校学报，（2）：43-48.

[51] 何雪松.2007.社会工作理论 [M].上海：上海人民出版社.

[52] 贺聪志，叶敬忠.2010.农村劳动力外处务工对留守老人生活照料的影响研究 [J].农业经济问题，（3）：18-25.

［53］贺聪志，叶敬忠.2009.农村留守老人研究综述［J］.中国农业大学学报（社会科学版），（2）：24－34.

［54］侯冰.2018.城市老年人社区居家养老服务需求层次及其满足策略研究［D］.上海：华东师范大学.

［55］侯蔺.2015.我国农村空巢老年人问题研究现状与评述［J］.老龄社会，（9）：16－18.

［56］胡丹.2017.农村留守老人医疗救助问题及对策研究［D］.南昌：南昌大学.

［57］黄军锋.2009.农村留守老人权益保障立法思考［J］.理论导刊，（12）：104－106.

［58］黄俊辉.2019.农村养老服务供给变迁：70年回顾与展望［J］.中国农业大学学报（社会科学版），（10）：57－62.

［59］黄俊辉.2013.政府责任视角下的农村养老服务供给研究［D］.南京：南京农业大学.

［60］贾康，冯俏彬，刘薇，苏京春.2018.供给侧结构性改革理论模型与实践路径［M］.北京：企业管理出版社.

［61］贾康，冯俏彬.2016.新供给：创新动力——"十三五"时期"供给管理"的思路与建议［J］.税务研究，（1）：3－9.

［62］贾康.2015."十三五"时期的供给侧改革［J］.国家行政学院学报，（6）：12－21.

［63］贾康，苏京春.2016.论供给侧改革［J］.管理世界，（3）：26－35.

［64］姜美丽.2010.农村留守老人生活照料状况实证分析［J］.经济与管理，（6）：81－84.

［65］焦克源，张婷.2011.农村低保制度实践的异化及其矫正——基于西北农村低保制度实践的调研［J］.云南社会科学，（5）：113－117.

［66］景怀斌.2015.德性认知的心理机制与启示［J］.中国社会科学，（9）：182－202.

［67］剧宇宏．2009．对我国社会保障基金监管制度的相关探讨［J］．前沿，（7）：130－132．

［68］柯燕．2018．多视角解构西部农村居家型互助养老服务——基于陕西省留旗营村的个案分析［J］．武汉科技大学学报（社会科学版），（4）：410－415．

［69］柯燕．2019．农村留守老人物质生活的供需状况与群体差异［J］．哈尔滨工业大学学报（社会科学版），（1）：61－69．

［70］雷敏．2012．江苏省农村留守老人经济供养状况实证研究［J］．安徽农业科学，40（19）：323－325．

［71］雷敏．2016．农村留守老人精神慰藉现状及对策［J］．改革与开放，（9）：66－67．

［72］李超．2014．农村养老服务供给现状、问题及对策分析——以河北省为例［J］．老龄科学研究，（4）33－43．

［73］李春艳，贺聪志．2010．农村留守老人的政府支持研究［J］．中国农业大学学报，（1）113－120．

［74］李汉才．2014．中国农村养老保障制度的历史沿革及发展特征［J］．河北大学学报（哲学社会科学版），（3）：116－119．

［75］李慧菁．2004．癌症病人之重要他人丧失挚爱的灵性冲击［D］．台南：台湾成功大学．

［76］李佳芮．2018．现代性的东方信仰——以灵性信仰在中国的建构为例［D］．西安：西北大学．

［77］李梦奇，王颖，谢海燕，等．2017．癌症患者灵性护理需求的现状及其影响因素研究［J］．中华护理杂志，52（8）：930－934．

［78］李强．2015．大国空村：农村留守儿童、妇女与老人［M］．北京：中国经济出版社．

［79］李强．1998．社会支持与个体心理健康［J］．天津社会科学，（1）：67－80．

［80］李俏，郭凯凯，蔡永民．2016．农村养老供给侧改革的结构生态

与可能路径：一个文献综述［J］．广西社会科学，（7）：149 – 153．

［81］李文琴．2014．中国农村留守老人精神需求的困境与化解［J］．思想战线，（1）：104 – 107．

［82］李晓娟．2012．农村留守老人医疗保障问题研究［D］．镇江：江苏大学．

［83］李卓，郭占锋．2016．抗逆力视角下留守老人社会疏离的社会工作干预模式［J］．华中农业大学学报（社会科学版），（6）：78 – 84．

［84］连玉君，黎文素，黄必红．2014．子女外出务工对父母健康和生活满意度影响研究［J］．经济学（季刊），（10）：35 – 39．

［85］梁蓓．2018．中国古典美学的灵性传统［D］．西安：陕西师范大学．

［86］梁欣．2010．农村留守老人的社会支持体系研究［D］．郑州：郑州大学．

［87］廖少宏，宋春玲．2013．我国农村老人的劳动力供给行为——来自山东农村的证据［J］．人口与经济，（2）：67 – 72．

［88］林毅夫，陈斌开．2009．重工业优先发展战略与城乡消费不平衡——来自中国的证据［J］．浙江社会科学，（4）：10 – 16．

［89］林毅夫．2005．中国农村如何突破"温饱陷阱"？［J］．中国经济周刊，（47）：24 – 25．

［90］林毅夫．2007．落实新农村建设的几点建议［J］．华夏星火，（2）：74 – 75．

［91］林毅夫．2008．缩小城乡差距关键是减少农村劳动力［J］．财经，（20）：17 – 18．

［92］刘炳福．1996．留守老人的问题不容忽视［J］．上海大学学报（社会科学版），（4）：47 – 51．

［93］刘长庚，张松彪．2015．行业垄断与企业劳动报酬差距——基于中国工业企业数据库的分析［J］．经济学动态，（3）：52 – 61．

［94］刘巧方素，刘旭蓉，李红屏．2017．滇渝两地农村留守老人生存

质量现状及影响因素分析 [J]. 齐鲁护理杂志,(5):16-17.

[95] 刘锐,杨华.2014. 价值迷失与农村老人自杀——基于湖北京山 J村的个案研究 [J]. 湖南农业大学学报(社会科学版),(6):46-53.

[96] 刘晓.2019. TACE 肝癌患者灵性健康和生命质量的现状调查与分析 [D]. 武汉:武汉轻工大学.

[97] 刘珧.2019. 晚期癌症患者灵性照护需求现状调查及意义疗法干预研究 [D]. 衡阳:南华大学.

[98] 刘远风,伍飘宇.2018. 农村养老服务供给侧改革研究 [J]. 湖南财政经济学院学报,(3):38-46.

[99] 柳士顺,凌文辁.2009. 多重中介模型及其应用 [J]. 心理科学,(2):433-435.

[100] 龙漩.2002. 市场营销学 [M]. 北京:对外经贸大学出版社.

[101] 卢锋.2016. 如何理解供给侧结构性改革 [J]. 河南社会科学,(1):6-8.

[102] 卢海阳,钱文荣.2014. 子女外出务工对农村留守老人生活的影响研究 [J]. 农业经济问题,(6):34-39.

[103] 卢晓莉.2017. 农村留守老人养老服务的地方实践及启示——以成都市为例 [J]. 农业经济,(4):68-72.

[104] 芦明辉.2012. 农村留守老人研究概述 [J]. 社会福利(理论版),(5):61-64.

[105] 吕琳琳.2021. 农村留守老人养老问题研究——基于河南省中牟县的实地调研 [D]. 新乡:新乡医学院.

[106] 罗佳丽.2014. 中国农村留守老人研究 [J]. 改革与开放,(6):55-56.

[107] 马锦莲,罗江,等.2018. 癌因性疲乏与妇科癌症患者灵性照护的需求分析 [J]. 医学管理论坛,35(10):44-46.

[108] 孟沙沙,孙一平.2019. 农村养老服务有效供给模式与路径——基于农村供给侧结构性改革视角 [J]. 农业经济,(9):84-85.

［109］牟新渝．2016．农村留守老人关爱服务路径［J］．中国民政，(12)：29-30.

［110］倪晓宇．2017．构建农村养老服务体系关注留守老人精神需求［J］．交流园地，(13)：110-113.

［111］潘泽泉，林婷婷．2015．劳动时间、社会交往与农民工的社会融入研究——基于湖南省农民工"三融入"调查的分析［J］．中国人口科学，(3)：108-115.

［112］裴爱红．2010．中国化马克思主义社会保障思想研究［D］．长沙：湖南农业大学．

［113］彭大松．2012．农村劳动力流动对家庭福利的影响［J］．南京人口管理干部学院学报，(2)：31-42.

［114］齐琳．2017．供给侧结构性改革视角下"智能＋"嵌入式养老服务模式研究——以上海市为例［J］．改革与开放，(19)：41-42.

［115］山国艳．2015．我国留守老人的养老保障问题分析［J］．学术界，(10)：227-235.

［116］申喜连，张云．2017．农村精神养老的困境及对策［J］．中国行政管理，(1)：109-113.

［117］盛丽娟，孙欣，赵丽萍．2014．农村留守老人的心理健康状况及其影响因素的研究进展［J］．中国护理管理，(11)：49-52.

［118］石人炳．2008．美国远距离老年照料及其借鉴意义［J］．人口研究，32 (4)：73-78.

［119］宋健．2006．中国农村人口的收入与养老［M］．北京：中国人民大学出版社．

［120］宋静静．2018．晚期肿瘤患者对护士提供灵性照护的需求现状的研究［J］．当代护士（上旬刊），25 (5)：17-19.

［121］宋士云．2006．中国农村社会保障制度结构与变迁（1949—2002）［M］．北京：人民出版社．

［122］宋月萍．2014．精神赡养还是经济支持：外出务工子女养老行

为对农村留守老人健康影响探析 [J]. 人口与发展，(4)：71 - 75.

[123] 苏保忠. 2009. 中国农村养老问题研究 [M]. 北京：清华大学出版社.

[124] 苏锦英，王子伟. 2009. 农村地区留守老人基本状况调查 [J]. 医学与社会，(2)：11 - 13.

[125] 苏振芳. 2014. 人口老龄化与养老模式 [M]. 北京：社会科学文献出版社.

[126] 孙鹃娟. 2006. 劳动为迁移过程中的农村留守老人照料问题讲究 [J]. 人口学刊，(4)：14 - 18.

[127] 孙鹃娟. 2016. 农村留守老年人养老问题：状况、需求与建议 [J]. 中国民政，(12)：31 - 32.

[128] 孙盼盼，邓梅娟，等. 2019. 癌症患者灵性需求及其相关因素的研究进展 [J]. 医学与哲学，40 (2)：43 - 48.

[129] 唐踔. 2016. 构建以需求为导向的农村留守老人社会支持体系 [J]. 中国老年学杂志，(8)：2024 - 2027.

[130] 陶立群. 2001. 高龄老人自理能力和生活照料及其对策 [J]. 中国人口科学，(10)：36 - 41.

[131] 田玲. 2014. 农村留守老人养老现状及养老保障支撑体系研究——基于宝鸡市 464 位农村留守老人的调查 [J]. 西北工业大学学报 (社会科学版)，(4)：33 - 37.

[132] 庹国柱，王国军. 2009. 制度建设与政府责任——中国农村社会保障问题研究 [M]. 北京：首都经济贸易大学出版社.

[133] 万海远，李实. 2013. 户籍歧视对城乡收入差距的影响 [J]. 经济研究，(9)：43 - 56.

[134] 汪凤兰，张丽娜，张盼. 2017. 不同日常生活活动能力老年人的养老意愿及养老服务需求分析 [J]. 现代预防医学，(6)：1044 - 1046.

[135] 汪丽华. 2010. 身心灵与全人生命教育的目标 [J]. 南昌大学学报（社会科学版），(4)：27 - 31.

［136］王翠红.2018.供给侧改革视角下失能老人长期照护的政府责任研究——以南宁市为例［D］.南宁：广西大学.

［137］王辉.2015.政策工具视角下多元福利有效运转的逻辑——以川北S村互助式养老为个案［J］.公共管理学报，（4）：23－25.

［138］王佳宁，盛朝迅.2016.重点领域改革节点研判：供给侧与需求侧［J］.改革，（1）：35－51.

［139］王珏，刘红霞.2016.供给侧改革背景下的江西养老服务发展对策［J］.公共管理，（12）：159－163.

［140］王乐军.2007.315名农村留守老人生存质量相关影响因素研究［J］.济宁医学院学报，（1）：66－67.

［141］王李.2018.晚期肺癌患者灵性健康现状及相关因素的研究［D］.衡阳：南华大学.

［142］王鲁豫.2019.农村留守老人的权益保障［J］.长春师范大学学报，（1）：71－74.

［143］王全胜.2007.农村留守老人问题初探［J］.学习论坛，（1）：71－73.

［144］王群方.2019.我国生育保险制度研究［D］.合肥：安徽大学.

［145］王锐珍.2018.小组工作介入乳腺癌症患者的灵性照顾研究［D］.南京：南京师范大学.

［146］王素明，王志中.灵性照顾在晚期癌症病人临终关怀中的应［J］.中国社会医学杂志，35（1）：42－45.

［147］王婷.2019.政策过程中的"情景—结构—行为"研究［D］.南京：南京农业大学.

［148］王小龙，兰永生.2014.劳动力转移、留守老人健康与农村养老公共服务供给［J］.南开经济研究，（4）：21－31.

［149］王晓亚.2014.农村留守老人的生活照料问题探讨［J］.郑州大学学报（哲学社会科学版），47（3）：38－40.

［150］王辛，程淑，孙立祺，窦菁．2018．供给侧改革视角下养老服务现状及保障策略研究［J］．卫生经营管理，（8）：89－92．

［151］王彦方，王旭涛．2014．影响农村老人生活满意度和养老模式选择的多因素分析——基于对留守老人的调查数据［J］．中国经济问题，（5）：19－29．

［152］尉迟淦．2006．道家的灵性关怀［J］．江西师范大学学报（哲学社会科学版），39（4）：9－15．

［153］温忠麟，张雷，侯杰泰．2004 中介效应检验程序及其应用［J］．心理学报，（5）：614－620．

［154］吴翠萍，罗丹．2015．农村留守老年人的养老资源探析［J］．老龄科学研究，（8）：12－14．

［155］吴振强，崔光辉．2009．留守老年人孤独状况及影响因素分析［J］．中国公共卫生，（8）：960－962．

［156］伍海霞．2015．农村留守与非留守老人的生存现状：来自七省区调查数据的分析［J］．财经论丛，（5）：3－9．

［157］夏诗园．2018．供给侧改革背景下城乡居民社会养老保险机制创新研究［J］．金融理论与教学，（12）：21－24．

［158］夏业领，靳强，陈孟．2014．农村留守老人精神文化生活状况调查分析——以安徽木兰、关塘两村为例［J］．边疆经济与文化，（9）：63－68．

［159］夏益俊．2009．农村"留守老人"问题研究——基于江苏省台东市的调查与思考［J］．中共山西省直机关党校校报，（3）：34－35．

［160］肖华堂，向喜宗．2015．新型城镇化背景下农村留守老人养老问题探讨［J］．农村经济，（2）：20－22．

［161］肖璐，蒋丙．2018．农民工城市落后"意愿—行为"转化路径及其机理研究［J］．人口与经济，（6）：89－100．

［162］谢培秀．2009．农村劳动力的产业转移对农业发展的影响［J］．江淮论坛，（5）：32－39．

［163］谢伟 .2014. 农村留守老人养老问题及其社工的介入研究
［D］. 济南：山东大学.

［164］胥纳新 .2021. 农村留守老人的养老社会支持研究——以东营
市 D、T、X 村为例 ［D］. 杭州：浙江农林大学.

［165］徐倩，常秀丽. 青岛市养老机构医养结合养老服务绩效评价研
究 ［J］. 青岛科技大学学报，(4)：1－9.

［166］徐忠，唐亚林 .2017. 基于马斯洛理论的农村留守老人需求问
题研究 ［J］. 云南农业大学学报，(11)：59－65.

［167］许璐捃 .2015. 城市空巢老人社会交往研究—以郑州市为例
［D］. 郑州：郑州大学.

［168］许雅文 .2020. 中国内地城市老年人灵性研究 ［D］. 上海：华
东师范大学.

［169］薛丽娜，李香利，贺春熙 .2019. 温州市某医院癌症患者灵性
护理需求与社会支持度的相关分析 ［J］. 医学与社会，32 (1)：113－
115.

［170］闫翠兰，张术环 .2010. 德国农村社会养老保障制度及其借鉴
意义 ［J］. 世界农业，(12)：63－65.

［171］严学军 .1997. 企业营销知识全书 ［M］. 北京：经济管理出
版社.

［172］杨长福，张烁 .2013. 论统筹城乡背景下农民社会保障管理制
度的构建与完善——基于宪政视角 ［J］. 重庆大学学报，(5)：116－121.

［173］杨翠迎 .2014. 国际社会保障动态：社会养老服务体系建设
［M］. 上海：上海人民出版社.

［174］杨刚 .2018.150 例老年营养不良患者中医体质学研究 ［J］. 中
国处方药，(6)：99－100.

［175］杨惠，车广伟，等 .2020. 体育舞蹈锻炼对大学生心理亚健康状
态的影响：应对方式的中介效应 ［J］. 天津体育学院学报，(35)：560－
565.

［176］杨静.2016. 灵性对癌症者康复的影响［D］. 南京：南京大学.

［177］杨琦萍，彭玉玮.2016. 略论新型《社会保障法》的框架结构［J］. 中国投资，(10)：80 - 82.

［178］杨霞，周文刚.2018. 以需求为导向的民族地区留守老人养老模式初步探究［J］. 中国社区医师，(11)：176 - 185.

［179］姚春辉.2009. 我国社会保障基金监管体系存在的问题与对策［J］. 陕西理工学院学报（社会科学版），(5)：36 - 40.

［180］姚耀军.2005. 中国农村金融研究的进展［J］. 浙江社会科学，(4)：177 - 183.

［181］叶敬忠，贺聪志.2009. 农村劳动力外出务工对留守老人经济供养的影响研究［J］. 人口研究，(4)：44 - 53.

［182］叶敬忠.2008. 寂寞夕阳：中国农村留守老人［M］. 北京：社会科学文献出版社.

［183］易益典，李峰.2007. 社会学教程［M］. 上海：上海人民出版社.

［184］尹亚.2016. 多元共治模式下乡村留守老人养老公共服务供给研究——基于重庆311名留守老人的调查［D］. 重庆：重庆大学.

［185］喻文雄.2018. 城镇社区养老服务的供给侧改革研究——基于武汉市新洲区的社会调查［D］. 武汉：武汉科技大学.

［186］袁宗梁.2017. 农村留守老人的社会支持系统研究——以江苏省南京市M村为例［J］. 湖北农业科学，(21)：4199 - 4211.

［187］岳磊.2016. 布局养老金融业务——基于供给侧角度［J］. 银行家，(5)：50 - 52.

［188］曾毅.2005. 中国人口老化、退休金缺口与农村养老保障［J］. 经济学，(4)：1043 - 1066.

［189］张邦辉，陈乙酉.2017. 邻里关系对农村留守老人身心健康的影响研究——基于劳动力流出地10省市调查数据的实证分析［J］. 管理世界，(11)：38 - 41.

［190］张邦辉，李为 . 2018. 农村留守老人心理需求的社会支持系统构成［J］. 重庆大学学报（社会科学版），（1）：145 – 154.

［191］张邦辉，杨乐 . 2017. 贵州省劳动力流出地农村老年人养老服务供需现状研究——基于毕节市农村老年人的问卷调查［J］. 贵州社会科学，（2）：97 – 103.

［192］张彩华 . 2017. 村庄互助养老幸福院模式研究：支持性社会结构的视角［D］. 北京：中国农业大学 .

［193］张昌松，黄素 . 2012. 中国农村养老保险问题文献综述［J］. 经营管理者，（4）：23 – 26.

［194］张承津 . 2005. 论市场消费需求流行［J］. 商业研究，（3）：83 – 84.

［195］张弛，张曙光 . 2018. 新经济对经济学理论的挑战［J］. 学术月刊，（1）：78 – 84.

［196］张川川，李雅娴，胡志安 . 2017. 社会养老保险、养老预期和出生人口性别比例［J］. 经济学（季刊），（1）：749 – 770.

［197］张大勇，梁盛胜 . 2007. 家庭养老在当前农村养老保障中的地位与作用研究［J］. 安徽农业科学，（35）：11618 – 11619.

［198］张海波，童星 . 2006. 我国城市化进程中失地农民的社会适应［J］. 社会科学研究，（1）：128 – 134.

［199］张璟，王文军，吴翠平 . 2009. 济宁市农村留守老年人生存质量现况及影响因素分析［J］. 中华护理杂志，（4）：321 – 323.

［200］张军 . 2015. 推进我国农村留守老人精神文化建设研究［J］. 华北电力大学学报（社会科学版），（5）：89 – 94.

［201］张俊富 . 2019. 模型在微观实证研究中的作用——以城市和区域经济学为例［J］. 经济资料译丛，（1）：1 – 23.

［202］张宁，吴雄，唐虹，刘碧 . 2018. 中国农村养老保障的历史演进与现实考察［M］. 成都：西南财经大学出版社 .

［203］张桑，陈灵，邓凤 . 2018. 晚期宫颈癌病人灵性需求的真实体

验［J］. 全科护理，16（29）：3654－3656.

［204］张世慧.2018. 癌症患者身—心—社—灵状况及其对护士提供灵性照护需求的研究［D］. 南昌：南昌大学.

［205］张淑美，陈慧姿.2008. 高雄地区高中教师灵性健康及其相关因素之研究［J］. 生死学研究，（7）：89－138.

［206］张为民.2010. 我国新型农村社会养老保险经济支持能力研究［J］. 西北人口，（2）：57－60.

［207］张艳斌，李文静.2007. 农村"留守老人"问题研究［J］. 中共郑州市委党校学报，（6）：105－106.

［208］张园.2018. 供给侧改革视角下我国养老服务产业模式与路径研究［M］. 北京：经济科学出版社.

［209］赵佳荣，谢燕兵.2012. 农村留守老人幸福影响因素分析——基于湖南攸县179名农村留守老人的问卷调查［J］. 湖南农业大学学报（社会科学版），（3）：27－32.

［210］郑功成.2018. 全面理解党的十九大报告与中国特色社会保障体系建设［J］. 国家行政学院学报，（1）：8－12.

［211］周福林.2006. 我国留守老人状况研究［J］. 西北人口，（1）：46－56.

［212］周建国.2007. 基于公共选择理论视野的政府自利性研究［J］. 江海学刊，（4）：95－100.

［213］周祝平.2009. 农村留守老人的收入状况研究［J］. 人口学刊，（5）：32－37.

［214］朱德云，孙成芳.2017. 基于供给侧改革谈中国养老服务业发展问题与政策建议［J］. 财政科学，（5）：90－97.

［215］朱杰，罗亚玲.2020. 子女支持、代际关系与农村留守老人生活满意度——基于西南四省市农村调查数据［J］. 新疆农垦经济，（12）：9－18.

［216］朱茂静.2019. 社会支持对农村留守老人主观幸福感的影响——

以四川省内江市 W 镇为例 [J]. 科技资讯，（18）：215 – 218.

［217］庄文静，王晓梅. 2013. 浅析我国农村留守老人的生活现状及对策 [J]. 齐齐哈尔大学学报，（4）：32 – 34.

［218］卓瑛. 2006. 农村留守老人问题刍议 [J]. 农业考古，（6）336 – 339.

［219］Abadie A，Imbens G W. 2008. On the failure of the bootstrap for matchingestimators [J]. Econometrica，76（6）：1537 – 1557.

［220］Aglozo E Y，Akotia C S. 2021. Spirituality and subjective well-being among Ghanaian older adults：optimism and meaning in life as mediators [J]. Aging & mental health，25（1/2）：306 – 315.

［221］Alderfer C P. 1969. An Empirical Test of a New Theory of Human Needs [J]. Organizational Behaviour and Human Performance，（4）：142 – 175.

［222］Andersen R，Newman J F. 2005. Societal and individual determinants of medical care utilization in the United States [J]. The Milbank Quanrterly，83（4）：1 – 28.

［223］Angrist J D，Pischke J S. 2009. Mostly Harmless Econometrics：An Empiricist vs Companion [M]. Princeton University Press.

［224］Antman F M. 2013. The impact of migration on family left behind [J]. Social Science Electronic Publishing，（9）：293 – 308.

［225］Bailey – Smith K，Todd S J. 2005. The exsa protein of bacillus cereus is required for assembly of coat and exosporium onto the spore surface [J]. Journal of Bacteriology，187（11）：3800 – 3806.

［226］Baldassar L. 2007. Transnational families and aged care：the mobility of care of care and migrancy of ageing [J]. Journal of Ethnic and Migration Studies，（33）：75 – 97.

［227］Baležentis T et al. 2014. A nonparametric analysis of the determinants of family farm efficiency dynamics in Lithuania [J]. Agricultural Economics, (5): 589 – 599.

[228] Barker R L. 1999. The Social Work Dictionary (4th Ed.) [M]. Washington, D. C: NASW Press.

[229] Baron R M, Kenny D A. 1986. The moderator-mediator variable distinction in social psychological research: Conceptual, strategic and statistical considerations [J]. Journal of Personality and Social Psychology, (6): 1173 – 1182.

[230] Bensley R. J. 1991. Defining spiritual health: A review of the literature [J]. Journal of health education, 22 (5): 287 – 290.

[231] Meinow B. 2005. According to need? Predicting the amount of municipal home help allocated to elderly recipients in an urban area of Sweden [J]. Health and Social Care in the Community, (4): 366 – 377.

[232] Brubaker T H, Brubaker E. 1992. Family care of the elderly in the United States: An issue of gender differences? [J]. Sage Focus Editions, (14): 210 – 231.

[233] Brutto O H, Noboa C A. 1987. Lateral pontine hemorrhage: Reappraisal of benign cases [J]. Stroke, 18 (5): 954 – 956.

[234] Busque M A, Legare J. 2012. The Unmet needs of home services in elderly Canadians [J]. Candian Journal on Aging-Revue Candienne Duvieillissemen, (3): 271 – 283.

[235] Carlson T D, Kirkpatrick D. 2002. Religion, spirituality, and marriage and family therapy: A study of family therapists 'Beliefs about the appropriateness of addressing religious and spiritual issues in therapy [J]. The American Journal of Family Therapy, 30 (2): 157 – 171.

[236] Chapman L. 1987. Developing a useful perspective on spiritual health: Well being, spiritual potential and the search for meaning [J]. American Journal of Health Promotion, 1 (3): 31 – 39.

[237] Chapman S A et al. 2002. Clinent-centred, community-based care

for frail seniors [J]. Health and Social Care in the Community, (3): 253 – 261.

[238] Charles M M, Donald E S. 1998. Ethnic City and Long-Term Care [M]. New York: Spring Publishing Co, 21.

[239] Cobb S. 1976. Presidential Address – 1976. Social support as a moderator of life stress [J]. Psychosomatic Medicine, 38 (5): 300 – 314.

[240] Cohen S, Wills T A. 1985. Stress, social support, and the buffering hypothesis [J]. Psychological Bulletin, 98 (2): 310 – 357.

[241] Cortes P. 2015. The feminization of international migration and its effects on the children left behind: Evidence from the philippines [J]. World Development, (65): 62 – 78.

[242] Devellis R F. 1991. Scale Development: Theory and Applications [M]. Newbury Park: Sage Publications, Inc.

[243] Dooghe G. 1992. Informal caregivers of elderly people: An European review [J]. Ageing and Society, (3): 369 – 380.

[244] Evashwick C, Rowe G, Diehr P. 1984. Factors explaining the use of health care services by the elderly [J]. Health Services Research, (8): 357 – 382.

[245] Fisher J W. 2009. Understanding and Assessng Spiritual Health [M]. International Handbook of Religion and Education, 69 – 88.

[246] Frijterrs F I C. 2004. How important is methodology for the estimates of determinants of happiness? [J]. Economic Journal, 114 (497): 641 – 659.

[247] Garasen H, Magnussen J, Windspoll R. 2008. Elderly patients in hospital or in anintermediate nursing home department-cost analysis [J]. Tidsskr Nor Laegeforen, (3): 283 – 285.

[248] Gary Koop. 2009. Bayesian Multivariate Time Series Methods for Empirical Macroeconomics [M]. Publisher: Now Publishers.

［249］ Heckman J J, Urzua S, Vytlacil E. 2006. Understanding instrumental variables in models with essential heterogeneity ［J］. The Review of Economics and Statistics, 88 (3): 389 –432.

［250］ Heckman J J. 1979. Sample selection bias a specification error ［J］. Econometrica, 47 (1): 153 –161.

［251］ Hildebrandt H D, Vogt L, Banzer W. 2005. Die thamert "osteo – med" – Eine multifunktionale osteoporoe orthese ［J］. Orhop Technik, (54): 86 –91.

［252］ Hugo G. 2002. Effects of international migration on the family in Indonesia ［J］. Asian and Pacific Migration Journal, (1): 13 –46.

［253］ Hung L L, Chen H M, et al. 2013. Family support and psycho social adaptation among older people in Taiwan: An institution and community comparison ［J］. Asia Pac J SOC Work, 23 (2): 75 –90.

［254］ Jenkins M. 2001. Ethics and economics in community care ［J］. Critical Society Policy, (1): 81 –102.

［255］ Johnson M K. 2002. Social origins, adolescent experiences, and work value trajectories during the transition to adulthood ［J］. Social Forces, (4): 1307 –1340.

［256］ Kaneda T. 2017. A critical window for policy making on population aging in developing countries ［J］. Population Reference Bureau, (1): 27 – 38.

［257］ Kemper P, Muraugh C. 2006. Life use of nursing home care ［J］. The Newtime England Journal of Medicine, (9): 595 –600.

［258］ Kinney J. 1996. Home Care and Care Giving ［M］. SanDiego: Academic Press.

［259］ Knodel J, Saengtienchai C. 2007. Rural parents with urban children: Social and economic implications of migration for the rural elderly in Thailand ［J］. Journal of Population, Space and Place, (3): 193 –210.

［260］ Luca Crivft J T. 2002. Regulation, ownership and efficiency in the Swiss nursing home industry ［J］. International Journal of Health Care Finance and Economics, (2): 79 – 97.

［261］ Macwan'gi M, Cliggett L, Alter G. C. 1996. On sequences of rural-urban migration on support for the elderly in Zambia ［R］. Presented at the Annual Meeting for the Population Association of America, New Orleans, Louisiana, May 9 – 11.

［262］ Maslow A H. 1943. A theory of human motivation ［J］. Psychological Review, (50): 370 – 396.

［263］ Mccarroll P, O'Connor J T, Meakes E. 2005. Assessing plurality in spirituality definitions ［J］. In Spirituality and health multidisciplinary explorations, (1): 43 – 60.

［264］ Mckenzie D, Rapoport H. 2011. Can migration reduce educational attainment? Evidence from Mexico ［J］. Journal of Population Economics, (24): 1331 – 1358.

［265］ Miltiades H B. 2002. The social and psychological effect of an adult child's emigration on non-immigrant Asian Indian elderly parents ［J］. Journal of Cross-Cultural Gerontology, (1): 33 – 55.

［266］ MorganL, Kunkel S. 1999. Aging: The Social Context ［M］. Thousand Oaks California Pine Forge Press.

［267］ Moroney R M. 1998. Caring and Competent Caregivers ［M］. Georgia: The University of Georgia press.

［268］ Muldoon M, King N. 1995. Spirituality, health care, and bioethics ［J］. Journal of Religion and Health, 34 (4): 329 – 349.

［269］ Nunnally J C. 1978. Psychometric Theory (2nd ed.) ［M］. New York, NY: McGraw-Hill.

［270］ Oldnall. 1996. A critical analysis of nursing: Meeting the spiritual needs of patients ［J］. Journal of Advanced, (23): 138 – 144.

［271］Ozman M. 2011. Modularity, industry life cycle and open innovation［J］. Journal of Technology Management & Innovation, (1): 26 – 34.

［272］Palmer P J. 1999. Evoking the spirit in public education［J］. Educational Leadership, 6 (4): 6 – 11.

［273］Payne M. 2000. The politics of case management and social work［J］. International Journal of Social Welfare, (2): 82 – 91.

［274］Perera C K, Pandey R. 2018. Role of religion and spirituality in stress management among nurses［J］. Psychological Studies, 63 (2): 187 – 199.

［275］Redfern S. 2002. Work satisfaction, stress, quality of care and morale of older people in nursing home［J］. Health and Social Care in the Community, (6): 512 – 517.

［276］Redfern S, Hannan S. 2002. Work satisfaction, stress, quality of care and morale of older people in a nursing home［J］. British Journal of Pharmacology, 10 (6): 512 – 517.

［277］Robert L. 2013. Improving quality, service delivery and patient experience in a musculoskeletal service［J］. Manual Therapy, 18 (1): 77 – 82.

［278］Roy R, Goatman M, Khangnra K. 2009. User-centric design and Kansei engineering［J］. CRIP Journal of Manufacturing Science and Technology, (1): 172 – 178.

［279］Sana M, Massey D S. 2010. Household composition, family migration, and community context: Migrant remittances in four countries［J］. Social Science Quarterly, (86): 509 – 528.

［280］Schmid H. 2004. The Israeli long-term care insurance law: Selected issues in providing home care services to the frail elderly［J］. Health and Social Care in the Community, (3): 191 – 200.

［281］Smith-Estelle. 2003. Vulnerability to hiv/stis among rural women from migrant communities in nepal: a health and human rights framework［J］.

Reproductive Health Matters, (22): 142 –151.

[282] Tilden V P, Weinert C. 1987. Social support and the chronically ill individual [J]. The Nursing Clinics of North America, (3): 613 –620.

[283] Trautmann R L. 2003. Psychotherapy and spirituality [J]. Transnational Analysis J, 33 (1): 32 –36.

[284] Trydegard G B. 1998. Public long term care in Sweden: Differences and similarities between home-based and institution-based care of elderly people [J]. Journal of Gerontological Social Work, 29 (4): 13 –34.

[285] Vandenberghe V, Robin S. 2004. Evaluating the effectiveness of private education across countries: A comparison of methods [J]. Labour Economics, 11 (4): 487 –506.

[286] Venter I C, van Wyk N C. 2019. Experiences of vulnerability due to loss of support by aged parents of emigrated children: A hermeneutic literature review [J]. Journal of Aging Studies, (3): 255 –266.

[287] Villagomeza L R. 2006. The role of spirituality in cardiac illness: A research synthesis [J]. Holistic Nursing Practice, 20 (4): 169 –186.

[288] Vullnetari J, King R. 2008. Does your granny eat grass? On mass migration, care drain and the fate of older people in rural Albania [J]. Global Networks, (2): 139 –171.

[289] Wang C, Zhang B. 2021. Factors influencing the quality of life of empty nesters: Empirical evidence from southwest China [J]. Sustainability, (5): 2662 –2677.

[290] Wang W et al. 2020. Urbanization impacts on natural habitat and ecosystem services in the Guangdong-Hong Kong-Macao "Megacity" [J]. Sustainability, 13 (8): 1 –17.

[291] Williamson J B, Price M, Shen C. 2012. Pension policy in China, Singapore and South Korea: An assessment of the potential value of the notional defined contribution model [J]. Journal of Aging Studies, (26): 79 –89.

［292］Wink P, Dillon M. 2005. Spiritual seeking, narcissism, and psychotherapy: How are they related? ［J］. Journal for the Scientific Study of Religion, 44 （2）: 143 - 158.

［293］Yang D. 2008. International migration, remittances and household investment: Evidence from philippine migrants' exchange rate shocks ［J］. The Economic Journal, （118）: 591 - 630.

［294］Zhang N J et al. 2009. Facility service environments staffing and psychosocial care in nursing homes ［J］. Health Care Financing Review, （2）: 5 - 17.

［295］Zhen C. 2008. Children's migration and the financial, social, and psychological well-being of older adults in rural China ［D］. Dissertations & Theses-Gradworks, University of Southern California.

［296］Zimmer Z, Korinek K, Chayovan K N. 2008. Migrant interactions with elderly parents in rural Cambodia and Thailand ［J］. Marriage and Family, （11）: 585 - 598.